W0183516

Dans la collection « Toute une histoire »

Roger Judenne, *Le Mensonge de Christophe Colomb*

Sophie Marvaud, *Suzie la rebelle – Les années de guerre*

Sophie Marvaud, *Suzie la rebelle – Le mystère Marie Curie*

Sophie Marvaud, *Suzie la rebelle – L'espion russe*

Claude Merle, *Les Guerriers de fer*

Gérard Morel, *Azalaïs de Camargue*

Gérard Morel, *Les Secrets du chevalier d'Éon*

Jean-François Nahmias, *Titus Flaminius – La Route de la soie*

Adeline Paulian-Pavageau, *Le Diable rôde à Dantigny*

Adeline Paulian-Pavageau, *Le Sang des Cordeliers*

Valérie Ravenne, *Bonny et Read, femmes pirates*

Guillemette Resplandy, *Demain la liberté*

Marc Séassau, *Nostradamus et la peste noire*

Bertrand Solet, *En Égypte avec Bonaparte*

Bertrand Solet, *Bastien, gamin de Paris*

Responsable d'édition : Sabine Sportouch
Maquette : Annie Aslanian
Corrections : Catherine Garnier

© Nouveau Monde éditions, 2010
24, rue des Grands-Augustins – 75006 Paris
ISBN : 978-2-84736-540-5
N° d'impression : 538260T
Dépôt légal : octobre 2010
Imprimé en France par Jouve

Dominique Legrand

Déserteurs

nouveau monde éditions

À ces hommes qui,
au prix de leur vie, ont dit non.
Et à ceux qui, n'ayant pu le faire,
ont aussi donné la leur.

À Marie-Emmanuelle, William et Aurélien,
Pour leur amour et leur soutien.

Tout esclave a en main le pouvoir
de briser sa servitude.

William Shakespeare, *Jules César*

Prologue

DOUAUMONT, le 2 mars 1917

Ma douce Madeleine, mon bel amour,

Ceci est ma dernière lettre, car je serai fusillé au lever du jour. Je suis passé en conseil de guerre hier, et j'ai été condamné à la peine capitale.

Je n'ai que peu de temps devant moi. On ne m'a donné qu'une seule feuille de papier, et juste assez d'encre pour t'écrire ces quelques mots.

À cette heure de la nuit, je suis enfermé dans une cellule étroite aux murs froids. Je ne sens presque plus mes doigts, et je maintiens tant bien que mal cette page sur une table bancale éclairée d'une bougie.

Depuis le début de cette guerre, je pense avoir été un soldat exemplaire. J'ai été confronté aux pires horreurs, j'ai enduré des souffrances inhumaines, je me suis souvent porté volontaire pour des opérations dangereuses ; bien que plusieurs fois blessé, je suis tout de même retourné au combat. J'ai donné mon dévouement le plus total à la patrie. Puis, j'ai réalisé brusquement que tout cela était absurde, et que pour obéir aux ordres de notre État-major, nous allions mourir sur place sans pouvoir nous défendre.

Avec quelques camarades, nous nous sommes retrouvés sous la mitraille allemande, sans possibilité de bouger, de progresser vers les lignes ennemies. Alors, oui, je l'avoue, nous avons fui le champ de bataille pour nous mettre à l'abri, loin de cet enfer.

Je meurs peut-être en déserteur, mon amour, mais en homme libre, conscient de mon choix.

Ce qu'on nous faisait endurer depuis des mois n'était plus supportable.

J'arrive à la fin de ma page. Pourtant, j'aurais encore tellement de choses à te dire.

D'ici quelques jours, ou quelques semaines, on te remettra mon portefeuille.

Embrasse notre petit Jean pour moi, et dis-lui que son papa n'était pas un lâche. C'est important que lui et toi le sachiez pour continuer à marcher dans la vie la tête haute. J'aurais tant voulu voir grandir notre garçon, et pouvoir vieillir à tes côtés.

Je mourrai avec mon alliance au doigt. Voilà peut-être la seule chose que l'armée n'aura pas pu me prendre.

Je te garderai au fond de mon cœur jusqu'à l'éternité.

J'emporte avec toi le souvenir de tes doux baisers. Ils effaceront pour toujours le goût de cette terre.

Jean et toi je vous aime à jamais.

Ton Gabriel

1

Quelques jours plus tôt

CETTE NOUVELLE EXPLOSION a été terrible.

Nous sommes six, réfugiés dans une cave, serrés les uns contre les autres au bas d'un escalier, tétanisés par les déflagrations. Au-dessus de nos têtes, les armoires vacillent et répandent leur contenu dans la pièce. Les meubles tombent de toute leur hauteur sur le sol. Les vitres volent en mille morceaux, projetant leurs éclats aux quatre coins.

Déterminés à faire une brèche dans nos lignes, les Allemands nous envoient depuis neuf heures du soir des obus de 380. Une apocalypse de feu et de mort pleut sur nos têtes sans discontinuer.

Un premier obus a atterri sur l'infirmerie. Une partie de la salle où sont installés les blessés a été littéralement pulvérisée. Plusieurs infirmières, quelques brancardiers et trois médecins ont été projetés contre le mur du fond. Certains d'entre eux n'ont pas survécu à cette première attaque surprise.

La nuit s'annonce longue et éprouvante. Le plafond tremble à chaque explosion. Le cœur de chacun s'arrête, se déchire, pour repartir la seconde d'après. Chaque semonce nous fait baisser la tête.

Cloîtrés dans notre refuge, nous ne pouvons voir le ciel, mais devinons qu'un orage de métal et de flammes le martèle. Au-dessus de nous, la terre tremble, semble s'ouvrir en deux, libérant des tonnes d'une poussière épaisse qui nous tombe dans les yeux. Nous rentrons la tête dans les épaules en nous couvrant la bouche. À défaut de périr déchiquetés par des éclats d'obus, nous allons bientôt mourir étouffés.

Nous demeurons blottis au pied de l'escalier, incapables de gravir les marches nous séparant de la salle principale de l'infirmerie. La porte, soufflée dès les premières explosions, laisse un trou béant d'où perce la lueur des flammes. Le feu a dû prendre dans une des ailes du bâtiment, et, même sans voir ce qui est en train de se passer à l'extérieur, nous savons déjà que bon nombre de blessés, dans l'incapacité totale de quitter leur lit, sont en train de périr dans le brasier.

Tels des animaux terrés au fond de leur tanière, il nous est pour le moment impossible de remonter à la surface. Pourtant, nous ne pouvons rester plus longtemps dans notre cachette. En privilégiant la sécurité de notre abri, nous nous exposons à devenir très vite la proie des flammes ; et nous savons parfaitement que lorsque toute la salle au-dessus de nous sera devenue un bûcher, nous serons condamnés.

Il faut tenter coûte que coûte une sortie, et maintenant.

Je finis par maîtriser ma peur. Je trouve du courage dans les dernières forces qui me restent. Je pose un pied sur une marche, puis sur une seconde. Poussé par la terreur des autres qui ne me quittent pas du regard, je grimpe encore une volée. Plus je m'approche de l'ouverture, plus je sens sur ma peau la chaleur provenant du brasier. J'ai la sensation d'entrer progressivement à l'intérieur d'un four.

– Il faut y aller maintenant ! Après, ça sera trop tard ! m'entends-je crier aux autres, restés en contrebas.

J'ai toujours un foulard sur moi. Je sors mon mouchoir de ma poche pour le mettre sur mon visage, ne laissant que mes yeux visibles.

– Faites comme moi si vous ne voulez pas mourir étouffés !

Deux infirmières me rejoignent en haut des marches, suivies par un médecin. Je me souviens d'ailleurs qu'il vient d'être affecté dans cette antenne médicale quelques jours plus tôt. Un brancardier lui emboîte le pas, ainsi qu'un jeune soldat blessé au bras. Je ne connais aucun nom des membres de ce groupe ; seul le hasard nous a réunis dans cet endroit.

Je passe la tête hors de l'ouverture et regarde sur ma droite : un mur de flammes me masque la vue. Je peux sentir des milliers de langues de chaleur me lécher le visage.

Je me tourne vers les autres :

– Je crois qu'il y a une sortie. Si on contourne le feu, on peut courir jusqu'à la porte ! Montez, et regardez par où je sors, je vais vous montrer le chemin !

La première infirmière, la plus âgée – elle a une quarantaine d'années, alors que celle qui la suit doit avoir la vingtaine –, monte les marches.

Un nouveau sifflement nous fait baisser la tête. Une détonation nous pétrifie dans une expression d'effroi. Un obus vient de tomber juste derrière le bâtiment. Dans la seconde qui suit, nous entendons les carreaux exploser et une partie de l'édifice jouxtant l'infirmerie s'effondrer.

Les Allemands se préparent à nous envoyer une nouvelle salve de 380. À tout moment, un énorme obus – une « marmite », comme nous avons baptisé familièrement les projectiles que nous envoie l'ennemi – risque de s'écraser sur cette aile de l'infirmerie.

Une note aiguë, stridente, parcourt le ciel. D'instinct, je rentre la tête dans les épaules, comme sans doute chacun d'entre nous. L'obus, fort heureusement moins bien calculé que le précédent par les tirailleurs allemands, explose plus loin, à quelques kilomètres de notre hôpital de campagne.

Je me tourne vers le groupe :

– Écoutez-moi : je vais essayer de franchir l'incendie et de sortir. Si j'y parviens, je vous donne le signal pour que vous puissiez me rejoindre ! D'accord ?

L'infirmière la plus proche me regarde, incapable de prononcer le moindre mot à cause de la fumée. Elle me fait signe de la tête qu'ils vont effectivement tenter de me suivre.

Alors, je me lance dans le rideau de flammes. Je sens aussitôt comme des milliards d'aiguilles me cribler le corps. J'étouffe sous ma vareuse. La peau de mon visage va fondre si je reste une seconde de plus dans cet enfer. Enfin, je jaillis des flammes et trouve la porte du bâtiment devant moi. Je hurle au groupe :

– Je suis là ! Vous pouvez sortir !

Posté dans l'encadrement de la porte, je guette l'apparition des autres, tentant de déceler quelques ombres furtives à travers cette muraille de feu.

Les sifflements redoublent. Des obus explosent de toutes parts dans la région. Les silhouettes n'apparaissent toujours pas.

Je crie une nouvelle fois, plus fort, réitérant sans cesse mes hurlements.

Enfin, j'aperçois une ombre sur le côté des flammes, puis une deuxième. Bientôt, je devine les infirmières, les brancardiers, le médecin et les soldats blessés.

Je crie encore et leur fais de grands signes.

C'est à cet instant précis que le sifflement surgit juste derrière moi. Je n'ai que le temps de me baisser avant d'être projeté loin du bâtiment.

Le ciel s'ouvre au-dessus de moi.

Je suis englouti sous un déluge de briques.

Au travers des pierres, je peux entendre les battements de mon cœur, terriblement présents, résonnant à l'intérieur de ma cage thoracique.

Je ne suis pas mort.

Je bouge la tête et lève les yeux sous la visière de mon casque : le bâtiment en flammes, d'où je me suis miraculeusement échappé, n'existe plus.

Je comprends alors que ceux-là mêmes avec qui je viens de partager ces longues minutes, ces infirmières à qui j'ai parlé, ce jeune médecin, ce brancardier, ce soldat blessé, que tous ont disparu à jamais sous l'effet de l'explosion.

Épuisé, ma tête retombe lourdement sur une brique encore chaude, et un voile opaque passe devant mes yeux.

2

– LIEUTENANT LEVASSEUR… Lieutenant Levasseur… Vous m'entendez ?

Une voix lointaine résonne à l'intérieur de mon crâne. Je la perçois à peine. Peu à peu, elle se fait plus proche, plus présente.

Au-dessus de moi, les contours de la silhouette deviennent moins flous. La brume se dissipe peu à peu. Je vois apparaître progressivement le visage doux et apaisant d'une femme portant une coiffe : une infirmière.

– Gabriel Levasseur…

J'ouvre les yeux, mais ne peux parler. Ma bouche est sèche. Je n'ai plus de salive. Je sens le bord d'un verre d'eau contre mes lèvres. Ma bienfaitrice semble avoir compris la plus chère de mes pensées.

À présent, je la distingue avec précision. C'est une belle jeune femme au sourire rassurant. Ses gestes sont mesurés, son regard attentif ; ses mains sont douces.

Une terrible angoisse m'étreint brusquement. L'extrémité de ma main droite file sous le drap pour toucher le haut de ma cuisse.

– Je suis blessé ? demandé-je, la gorge serrée.

– Juste une épaule démise et des blessures aux jambes. Vous avez eu une chance extraordinaire. En fait, vous étiez évanoui lorsqu'on vous a trouvé sous un amas de pierres.

– Je pourrai remarcher ? m'empressé-je de demander, déjà effrayé par ce que je vais entendre.

– Oui, sourit mon ange gardien, ce ne sont que quelques égratignures. Vous êtes un miraculé !

Soulagé, j'évacue une profonde expiration.

– Je suis resté évanoui longtemps ?

– Quelques heures seulement.

Une multitude de questions se bousculent à la porte de mon esprit.

– C'est la nuit ou le jour ?

– Presque l'aube. Vous pouvez encore profiter de quelques heures de sommeil, me dit-elle en me caressant la joue avec une infinie tendresse, tout en approchant le bord du verre de mes lèvres.

Je ne suis pas mort. Je ne suis même pas blessé. Je vais vivre. J'ai encore tellement de questions à poser, mais le sommeil me gagne.

Alors, je ferme les yeux et me laisse bercer par une agréable torpeur.

Quelques heures plus tard, c'est un rayon de soleil qui me fait ouvrir les yeux.

J'entends des cris plaintifs sur ma droite. Je tourne la tête : dans un lit identique au mien un homme allongé gémit. Ses cuisses se terminent par des moignons ; le malheureux a perdu ses deux jambes.

– Il a eu beaucoup moins de chance que vous.

Je tourne la tête de l'autre côté du lit : assis sur un tabouret, droit comme un i dans son uniforme, le capitaine Juvigny me dévisage derrière ses lunettes à fines montures argentées.

– Mon capitaine, marmonné-je en tentant de me redresser.

– Ménagez-vous, Levasseur, c'est en bonne santé que nous avons besoin de vous.

– C'est gentil d'être passé me voir, laissé-je échapper au milieu d'un rictus de douleur.

Brusquement, en l'espace de quelques secondes, tous les souvenirs précédant mon évanouissement refont surface.

– Il y avait un bâtiment en feu… nous étions plusieurs… bloqués dans une cave… je suis sorti le premier… je les ai appelés… deux infirmières étaient là…

– Un obus est tombé…

Devant mon silence, le capitaine termine son explication.

– Je suis désolé… personne n'a survécu. Vous avez été projeté par le souffle.

– C'était l'infirmerie, non ?

– Oui… à l'intérieur… tout le monde est mort.

– Et ici, où sommes-nous ?

– Dans un hôpital itinérant, à une vingtaine de kilomètres du front. Ici, nous sommes à l'abri… Du moins, pour l'instant, ajoute Juvigny en essuyant ses verres de lunettes avec un mouchoir blanc.

Je ferme les yeux en soupirant. En un éclair, je revois notre petit groupe bloqué dans la cave. J'entrevois le visage de la jeune infirmière, pétrifiée de peur, terrée au fond de l'escalier.

– Pensez-vous que vous soyez en mesure de marcher ?

La voix grave du capitaine vient bousculer mes pensées.

– Oui, je pense, du moins c'est ce que m'a laissé entendre l'infirmière.

– Bon, dans ce cas je vous attends à deux heures cet après-midi dans mon bureau. Vous verrez, ce n'est pas vraiment un bureau, plutôt une pièce improvisée. C'est juste derrière ce bâtiment, me précise-t-il en pointant le menton dans la direction indiquée.

Puis, il se lève, et m'adresse un regard réconfortant.

3

Je comprends très vite que la salle dans laquelle on m'a installé est en fait un réfectoire d'école.

Les secours sont débordés, et tous les endroits susceptibles d'accueillir les blessés ont été réquisitionnés. Comme me l'a dit le capitaine Juvigny, nous nous trouvons ici à environ vingt kilomètres du front. Normalement, nous sommes protégés des bombardements ennemis.

Cette grande pièce commune, destinée à abriter les nouveaux blessés qui chaque jour affluent à l'arrière, est peu à peu devenue un mouroir.

Toute la nuit, dans un demi-sommeil, j'ai entendu les cris et les gémissements de ceux qui agonisent.

Alors que je suis en train, tant bien que mal, d'enfiler mon uniforme, je perçois une agitation à ma droite, vers le lit d'à côté. Deux infirmières, dont celle qui m'a parlé à mon réveil, font une toilette sommaire au patient qui a perdu ses jambes. Je réalise brusquement que ce dernier vient de succomber, et qu'elles s'apprêtent à l'évacuer.

Avant de sortir, je me retourne une dernière fois pour regarder la salle ; celle-ci est pleine de mourants. Je quitte cet univers de hurlements et de plaintes pour me retrouver à l'extérieur du bâtiment.

À cet instant précis, je comprends vraiment le sens des paroles de l'infirmière. J'éprouve effectivement une curieuse sensation, celle d'être un miraculé réchappé d'une catastrophe, et de sortir indemne des ruines d'un enfer.

Le ciel est d'un blanc laiteux, au centre duquel perce un soleil lointain, plutôt un halo blanchâtre. Je ferme le bouton du haut et remonte le col. Nous sommes en février, et il fait encore très froid.

Je fais quelques pas en titubant, prenant appui contre le mur. Je ne suis pas encore bien vaillant.

À la vue de mes épaulettes, un soldat m'adresse un salut. Je reconnais le sergent Adrien Danrémont. Nous avons fait un assaut ensemble, celui de la cote 112, et nous avons eu la chance de nous en sortir vivants tous les deux. Le sergent a reçu un éclat de shrapnel dans la cuisse, et une balle a traversé mon bras gauche. Nous avons passé une heure côte à côte dans un trou d'obus.

– Besoin d'un p'tit coup de main, mon lieutenant ! me lance-t-il.

– Merci, sergent, mais je crois qu'après quelques pas, ça ira mieux.

Il m'adresse un sourire convenu et s'éloigne vers un baraquement.

J'avance à pas lents, assurant ma marche encore incertaine, quand plusieurs camions s'engagent dans la rue, arrivant face à moi. L'arrière des véhicules déborde de corps. Tous ces malheureux ont été tués au front dans les jours précédents, et on les ramène ici pour leur trouver une sépulture.

Je passe devant un atelier où un menuisier fabrique des croix en grand nombre. Il est sollicité à chaque « arrivage ». Entre les morts rapatriés du champ de bataille, et les mourants dont la vie ne tient qu'à un fil, il doit chaque jour en produire une quantité industrielle.

D'autres camions arrivent tous les jours, remplis à ras bord de cadavres. Pêle-mêle gisent des corps mutilés, des soldats défigurés, des uniformes couverts de sang.

Un grand champ, non loin du bâtiment, a été aménagé en cimetière.

J'ai vécu l'horreur sur le front, sous la mitraille allemande, dans la frénésie des combats, mais ici, pour la première fois, j'éprouve une étrange sensation, celle de découvrir l'« après », ce qu'on ne voit jamais dans les tranchées, ce qu'on fait de nos soldats lorsqu'ils sont blessés, lorsqu'ils sont morts. Loin des assauts, on semble se débarrasser de ces corps pour ne plus les voir. Ceux qui, quelques jours plus tôt, combattaient encore à nos côtés, sont soudain devenus gênants, encombrants, presque trop envahissants dans ce décor d'apocalypse.

Cela fait des années que ça dure. Comment pourrions-nous continuer ainsi ? Et pendant combien de temps ?

4

POUR MOI, CETTE GUERRE a commencé il y a deux ans et demi, par un bel après-midi du mois d'août 1914.

À l'époque, j'étais instituteur dans un village de Bourgogne, une jolie bourgade nichée au creux d'une vallée, à proximité d'une rivière où l'eau était pure et cristalline.

J'avais grandi dans cette région ; j'y étais profondément attaché. Ce métier de maître d'école, j'avais toujours voulu l'exercer. Enfant, j'étais bon élève, j'aimais l'univers de la salle de classe, ce que j'y apprenais, ce que j'y découvrais. Cette ouverture sur le monde, et cette possibilité de transmettre ce savoir, m'avait naturellement conduit à cette profession. Enseigner était une passion, sentir jour après jour ces esprits en éveil, cette curiosité qui gagnait ces êtres en devenir, représentait pour moi la plus belle des récompenses.

Je n'étais encore qu'un instituteur de vingt-deux ans, mais je savais déjà que là se trouvait toute ma vie, entre les quatre murs d'une salle de classe, vêtu d'une blouse, devant un tableau noir, un bâton de craie à la main.

Lorsque j'avais obtenu mon diplôme de l'École normale, j'avais eu la chance d'être affecté à quelques kilomètres seulement de mon village. Je venais donc travailler à vélo, ce qui s'avérait rude dans le froid hivernal et plaisant aux premières chaleurs du printemps.

J'avais fait la connaissance de Madeleine le jour de la rentrée des classes.

Elle avait vingt-quatre ans, et enseignait depuis deux ans dans cette école de village.

C'était une belle jeune fille aux cheveux châtains et aux yeux verts en amande.

J'étais novice dans le métier. Elle s'était proposée de m'épauler dans les premiers mois. Malgré sa courte expérience, elle savait que les débuts étaient difficiles.

Pendant la récréation, je pris l'habitude de faire la conversation avec Madeleine, tandis que les deux autres institutrices et notre directeur discutaient entre eux, à l'écart. Ils nous laissaient pudiquement entre nous, nous qui appartenions à la même génération.

L'année fila rapidement, et nous nous retrouvâmes au printemps en quelques enjambées. Bientôt la fin de l'année scolaire arriva, la cloche de la cour de récréation sonna une dernière fois au début de l'été, et tous les élèves retournèrent chez eux.

Le temps était allé très vite, à notre insu. Nous n'étions plus amoureux, nous nous aimions vraiment.

Notre mariage eut lieu dans l'année, et notre fils, Jean, vit le jour l'année suivante.

Nous vivions à quelques kilomètres seulement du village, non loin d'une ferme. Nous habitions une grande maison ayant appartenu au grand-père de Madeleine.

Nous étions jeunes, et la vie nous souriait.

Jusqu'au 1er août 1914.

5

C'ÉTAIT UNE FIN D'APRÈS-MIDI suffocante. La chaleur était à son paroxysme. Nous manquions d'air.

Jean venait d'avoir un an. Il faisait ses premiers pas dans la rue principale du village.

Nous revenions d'une promenade le long d'un chemin de halage, un circuit que nous appréciions. Le cadre était joli, et ce n'était pas encore trop difficile pour notre petit garçon.

En marchant vers la mairie, nous découvrîmes un attroupement sur la place de l'hôtel de ville. Une foule s'était rassemblée sur le parvis.

Nous approchâmes du groupe. Un homme était en train de coller des affiches sur un panneau. De loin, je devinais deux drapeaux français entrecroisés, sans parvenir toutefois à lire ce qui était écrit.

– Qu'est-ce qui se passe ? demandai-je à un homme se tenant près de nous.

– C'est terrible… furent les seuls mots qu'il put prononcer.

– C'est la guerre, précisa son voisin.

– La guerre ? répétai-je, effaré, en regardant Madeleine.

– Oui, contre l'Allemagne. Il faut se préparer, précisa-t-il.

Je fendis la foule avec difficulté et m'approchai de l'affiche : c'était un ordre de mobilisation générale expliquant succinctement que tous les hommes en âge de combattre devaient se tenir prêts à partir du 2 août.

Madeleine, portant Jean dans les bras, me rejoignit devant l'affiche.

– C'est tout… ce qu'ils disent ? me demanda-t-elle.

– Oui… c'est tout.

Abasourdi, je traversai l'assemblée dans l'autre sens et m'éloignai du groupe, tête baissée. Madeleine marchait à mes côtés, muette.

Après quelques minutes, elle s'arrêta et me regarda :

– Vous devez tous y aller ?

– Oui, Madeleine, tous les hommes, tu as bien lu.

Puis, j'ajoutai :

– C'est comme ça, une guerre, on y va tous. À moins d'être trop jeune, trop vieux, ou impotent. On doit se présenter dès demain.

Nous marchions l'un à côté de l'autre sans nous parler. Jean nous donnait la main, avançant à petits pas entre nous deux. Il nous regardait, ne comprenant pas notre silence soudain.

Nous croisions des gens, la mine défaite, le regard vide. Certaines femmes pleuraient. Chacun tentait de réaliser que quelque chose de terrible venait d'arriver, sans toutefois parvenir à mesurer la portée de ce que nous allions vivre dans les tout prochains jours.

La gaieté qui nous habitait depuis le matin disparut instantanément.

Notre dernière soirée du temps de paix fut emplie de tristesse et de mélancolie. Jean dormait à poings fermés. Quant à nous, nous étions assis l'un en face de l'autre dans le salon, nos silhouettes seulement éclairées par la lueur vacillante d'une bougie. Nos cœurs étaient si serrés que nous ne parvenions pas à parler.

Je regardais Madeleine, si belle, si désirable, mon épouse, la mère de notre fils, cette femme que j'aimais de tout mon être, et je ne cessais de me dire que je la contemplais peut-être pour la dernière fois.

La nuit, et ceci dura jusqu'à l'aube, elle enveloppa mon corps de doux et chauds baisers pour qu'une fois là-bas je ne puisse jamais oublier combien notre amour était fort, si puissant qu'il surmonterait toutes les épreuves, traverserait des montagnes de souffrance pour m'aider à survivre.

Le matin, à quelques heures du départ, nous nous endormîmes dans les bras l'un de l'autre.

6

MADELEINE ET JEAN ME MANQUENT ; leur âme, leurs corps si doux, leur fragilité, leur présence rassurante. Cela fait presque bientôt deux mois que je ne les ai pas revus. Ma permission a duré à peine une semaine, page volée à l'énorme roman de cet enfer qui ici s'écrit chaque jour.

Ma femme, mon fils. Leur absence me consume. J'ai failli les perdre à jamais, et ce à trois reprises, au cours d'attaques meurtrières. J'ai besoin de les revoir, même quelques heures s'il le faut, les serrer dans mes bras, les embrasser, respirer leur parfum, caresser leurs cheveux.

Cette simple idée est devenue une obsession. Elle m'envahit au fur et à mesure que je progresse vers le bureau du capitaine Juvigny.

À ce jour, je ne sais plus ce qui est le plus terrible, le plus insupportable : la guerre dans ces tranchées inhumaines, ou l'absence de ma famille, mon seul repère.

Parvenu devant la porte du bureau de Juvigny, je ferme les yeux, inspire profondément, puis frappe trois coups secs à sa porte.

– Entrez ! me crie une voix lointaine.

J'ouvre.

Le capitaine est à son bureau en train d'écrire. Il relève la tête, et me lance un sourire étudié.

– Ah, Levasseur ! Venez donc vous asseoir !

Je ferme la porte, avance, et prends la chaise en face de son bureau.

– Comment vous sentez-vous ? me lance-t-il.

Je n'aime pas son approche, cette façon si particulière de m'attirer sur un terrain dangereux. Son ton est faussement paternaliste, artificiel et prévenant. Il adopte cette attitude pour introduire par la suite des éléments plus radicaux.

– Pas trop mal. Je crois que j'ai eu beaucoup de chance.

– Ce n'est pas de la chance, c'est un miracle. Vous êtes touché par la grâce !

– J'ai quand même failli rester à Verdun !

– C'est bien ce que je dis : vous êtes né sous une bonne étoile. 260 000 des nôtres auraient bien voulu dire la même chose ! me rétorque-t-il.

– Au risque de vous déplaire, je ne crois pas à une quelconque bonne étoile, mon capitaine. Je crois surtout que nous pouvons la perdre à n'importe quel moment !

– Mais, vous comme moi, Levasseur... Vous comme moi... Ni plus ni moins !

Juvigny prend une pause, le temps de porter à ses lèvres le bord de sa tasse. Il la pointe soudainement dans ma direction.

– Café ?

Je secoue la tête en déclinant l'offre.

– Merci, capitaine.

Il la vide d'un trait, et la repose brutalement en la faisant claquer sur la surface de son bureau.

– Bon, parlons peu, parlons bien : la cote 307, ça vous dit quelque chose ?

Je rassemble tant bien que mal mes esprits :

– Les bois de Malancourt ?

– C'est cela. Depuis une semaine, les Boches font tout ce qu'ils peuvent pour les occuper. Grâce à leurs bombardements, ils ont pu avancer d'au moins trois kilomètres. Il faut les stopper au plus vite, arrêter l'hémorragie.

– Pardonnez-moi de vous interrompre, mon capitaine, mais... arrêter l'hémorragie avec quoi ? Un régiment entier a pratiquement été décimé lors du dernier assaut il y a deux semaines.

Il me coupe d'un geste de la main :

– Un autre arrive dès demain, tout au moins les premières troupes. D'ici quelques jours, nous prendrons la cote 307. Vous en serez, bien naturellement. Je compte sur vous !

Juvigny m'annonce ma participation à ce sacrifice comme s'il s'agissait d'une soirée dansante à ne manquer sous aucun prétexte.

Il continue sur le même mode :

– Nous avons besoin de toutes nos forces vives. C'est maintenant ou jamais !

Brusquement, comme rendu incontrôlable par ce que je viens d'entendre, je sors de mes gonds :

– Excusez-moi, mon capitaine, mais c'est de la folie pure ! Notre précédente attaque s'est soldée par une véritable boucherie. Nous n'avons jamais perdu autant d'hommes en un seul assaut. Les mitrailleuses allemandes empêchaient même nos soldats de sortir de la tranchée. Vous avez pu le constater aussi bien que moi : il était absolument impossible d'avancer !

À cran, Juvigny m'interrompt :

– Eh bien, cette fois-ci, il faudra bien qu'ils sortent, et qu'ils avancent, sous peine d'être passés par les armes. Souvenez-vous du message aux armées de Joffre, datant du 6 septembre 1914, je l'ai encore parfaitement en mémoire : « Au moment où s'engage une bataille dont dépend le sort du pays, il importe de rappeler à tous que le moment n'est plus de regarder en arrière ; tous les efforts doivent être employés à attaquer et à refouler l'ennemi. Une troupe qui ne peut plus avancer devra, coûte que coûte, garder le terrain conquis et se faire tuer sur place, plutôt que de reculer. Dans les circonstances actuelles, aucune défaillance ne peut être tolérée. »

Je le regarde un instant, bouche bée, demeurant incapable de prononcer le moindre mot. Puis, je me ressaisis, comme si l'aiguillon d'une douleur annonciatrice m'avait perforé de part en part.

– Aucun de nous n'en réchappera ! Permettez-moi de vous le répéter : c'est de la folie pure !

– Vous pouvez le répéter vingt-cinq fois de suite si ça vous chante, Levasseur !

Excédé, il se lève et se met à faire les cent pas nerveusement dans la pièce. Après quelques secondes de silence, il explose :

– Qu'est-ce que vous voulez que j'y fasse ? Les ordres viennent d'en haut, mon vieux, c'est pas moi qui les donne ! Vous croyez que ça m'amuse d'envoyer un régiment au casse-pipe !

Je le fixe droit dans les yeux :

– Mais ils sont inconscients ! On ne pourra pas faire vingt mètres ! Ce sera pire que la dernière fois !

Alors, il s'emporte franchement :

– Oh, arrêtez, Levasseur ! Je vais finir par me demander si vous n'avez pas rejoint le camp des mutins ! Heureusement que tous nos officiers ne réagissent pas de la sorte, on n'aurait plus qu'à rentrer à Paris et laisser le champ libre aux casques à pointe !

– Écoutez, capitaine, je ne me sens nullement l'âme d'un mutin, je peux vous en assurer. Je suis toujours allé là où on m'a dit d'aller, sans rechigner, en me soumettant pleinement aux ordres, et vous savez très bien que je le ferai à nouveau. Le métier de soldat consiste à obéir, je ne le sais que trop. Mais reconnaissez vous-même que cet ordre est absurde, et que cet assaut est condamné à l'échec ! Nous nous exposons à des pertes considérables, vous le savez parfaitement !

– Mais je sais tout ça ! s'emporte Juvigny.

– Alors, vous savez aussi que les hommes sont épuisés, que la nourriture est infecte, qu'ils ne prennent parfois qu'un seul repas par jour, et que nos tranchées sont envahies en permanence par des rats, et inondées de boue à la moindre averse. Ajoutez à cela les maladies, le manque de sommeil et la peur, et imaginez une seconde que vous deviez encore monter à l'assaut, pensez-vous, capitaine, que le seul amour de la patrie suffira à remotiver nos soldats ?

– Cette fois, c'en est trop, Levasseur ! Vous dépassez les bornes ! J'ai besoin d'officiers de confiance, et non d'alliés qui doutent.

– Vous avez ma confiance, capitaine. Mais celle de mes hommes, j'en suis moins sûr. Qu'attendez-vous de moi exactement ?

– Que vous parliez justement à vos hommes.

– Pour leur dire quoi ?

– Que nous attaquerons très certainement après-demain à l'aube, et que cet assaut sera décisif. Le tournant de la guerre se jouera sur cette cote 307 ; notre État-major en est persuadé. Est-ce que vous souhaitez que votre fils parle allemand demain, Levasseur, voilà la vraie question que vous devez vous poser, la seule !

Mon sort est scellé, ainsi que celui de mes soldats. Il n'y a plus rien à espérer. Je sors de l'entretien anéanti.

Je croise une colonne de blessés qui reviennent du front, suivis par de nouveaux camions transportant des cadavres. Cette terre n'en finit pas de rendre ses morts, comme une mer rejette sans cesse vers les récifs ce qu'elle ne veut garder en elle.

Je vois ces hommes meurtris. Ils vivent, certes, mais sont détruits de l'intérieur. Ils avancent péniblement, marchant comme des fantômes, des ombres appartenant déjà au passé. Leurs regards sont vides. La révolte les a quittés depuis longtemps, seule la résignation les habite.

Je vais devoir trouver le courage de leur parler, de leur dire qu'après avoir survécu, il leur faudra retourner au combat.

Avant de jouer mon rôle d'archange de mort, je soulève la cafetière encore chaude du poêle et me remplis une tasse.

Je ferme les yeux au moment où j'avale la première gorgée. Devant le rideau de cette nuit sans fin passent les doux visages de Madeleine et de Jean. À ce moment précis, ils sont les seuls êtres à pouvoir me donner la force nécessaire d'affronter l'horreur, de la regarder en face, droit dans les yeux.

7

QUELQUES HEURES PLUS TARD, alors que je suis seul dans la pièce me servant de chambre, écrivant une lettre à Madeleine, j'entends un formidable bruit de moteurs s'approchant.

Je sors du baraquement pour découvrir une longue file de camions remonter la rue principale. Les véhicules n'en finissent pas de défiler devant ma porte. Je reste planté là, sur le seuil, les suivant des yeux un à un. À chaque passage, des soldats assis à l'arrière me saluent. Certains sont plus âgés que moi, d'autres ont peut-être mon âge, d'autres encore paraissent plus jeunes, tels des gamins ayant endossé un uniforme trop grand pour eux. Je réalise alors que ce que m'a dit le capitaine Juvigny est vrai, et que ces renforts – tous ces enfants, devrais-je dire – sont promis à tomber au champ d'honneur dans les prochains jours.

Je regarde passer tous les camions, des dizaines que je ne compte plus. Les trains ont amené ces gosses par milliers, qui dès demain partiront pour le front. Ils ne passeront qu'une seule nuit ici, avant d'être dirigés vers les tranchées.

Quand le dernier camion a disparu à l'extrémité de la rue, je referme la porte et retourne à mon bureau. Je reprends ma lettre pour Madeleine.

Depuis le début de la guerre, je lui écris une lettre par jour. C'est d'ailleurs un rythme que la plupart des soldats ont adopté. Ici, tout le monde écrit. Et pour raconter la même chose, ou plutôt pour ne pas raconter, juste pour oublier. Car naturellement, instinctivement devrais-je dire, aucun soldat ne raconte la guerre. D'ailleurs, s'il y a bien une chose qu'on ne peut pas raconter, c'est bien cela. Depuis août 1914, ces milliers de lettres écrites chaque jour sont notre seul lien avec l'arrière. Ces mots, couchés sur le papier, nous permettent de tenir et d'espérer. Revenir, et surtout revenir indemnes, intacts, vivants, pour retrouver nos femmes, nos enfants, nos parents, nos frères et sœurs, pour retrouver notre vie d'avant, notre enfance, nos souvenirs. Nous voulons tous y croire, et pourtant, lorsque nous sommes au fond des tranchées, serrés les uns contre les autres, attendant le coup de sifflet annonçant la charge, nous savons pertinemment que très peu d'entre nous reviendront.

La censure est importante au service des armées, et nous ne pouvons relater tout ce que nous vivons. De nos mauvaises conditions de vie, rien ne doit filtrer à l'arrière. L'opinion publique doit sentir coûte que coûte que nous avons un moral d'acier, et que la victoire est proche. Bien sûr, c'est tout le contraire, et les journalistes ne sont pas vus d'un bon œil aux abords des tranchées.

Comment pourrions-nous raconter par exemple que la nourriture, en plus d'être restreinte, est infecte ? La soupe quotidienne n'est parfois qu'un immonde brouet servi à la louche dans des gamelles en fer blanc. La viande est rare, et lorsqu'il y en a, elle est souvent immangeable. Quant aux biscuits, ils restent comestibles, si toutefois ils ne sont pas envahis de charançons. Seules les boîtes de conserve de bœuf, que nous nommons le « singe », nous permettent de ne pas mourir de faim.

Si nous voulions vraiment faire vivre à nos proches ce que nous ressentons, il faudrait que nous parlions de la boue, cette boue incessante, toujours présente à la moindre averse, parfois transformée en glaise redoutable par les pluies torrentielles qui ravinent le fond des tranchées. Cette terre devenue liquide s'infiltre partout, pénètre nos chaussures, nos vêtements, et tout ce que nous avons de plus cher.

En quelques mois seulement après le début de la guerre, nous sommes devenus des bêtes. Nous nous sommes habitués à une existence inhumaine, si lointaine de notre vie passée qu'elle en est devenue naturelle dans son quotidien. On nous a affectueusement baptisés les « poilus », car nous avons même renoncé à nous raser. Hormis la boue, nous vivons dans la poussière, avec les rats et les poux comme compagnons d'infortune.

Au fond de nos tranchées, nous subissons parfois jour et nuit les explosions d'obus, mais les gros 380 qui martèlent le sol de France ne sont pas notre unique fléau. Les cadavres qui pourrissent, accrochés aux barbelés de nos lignes, et qu'on ne peut parfois détacher pendant plusieurs jours sous peine de nous faire mitrailler, dégagent une odeur de putréfaction qui envahit nos galeries. À cela s'ajoutent souvent des relents d'excréments impossibles à évacuer. Depuis maintenant deux ans et demi, c'est devenu notre quotidien. Pourtant, au plus noir de notre survie, nous tentons désespérément de rester des hommes.

Et puis il y a la peur, celle de mourir bien sûr, mais surtout celle de souffrir horriblement. Les éclats d'obus sont craints, car ils laissent des blessures épouvantables. La baïonnette est redoutée, elle renvoie aux guerres médiévales, inhumaines et violentes. La balle en plein cœur, ou en pleine tête, tuant sur le coup, est presque souhaitée, à côté du long martyre qui attend beaucoup d'entre nous.

Alors oui, dans mes lettres à Madeleine, je continue à lui parler de moi et non de ce que je vis. Je lui demande d'espérer et de continuer à m'aimer, car c'est peut-être de ça dont j'ai le plus besoin.

8

J'AI EMPORTÉ AVEC MOI une édition des *Essais*. Les pages de Montaigne me tiennent compagnie. Je ne me lasse pas de les relire. Je me dis souvent que ce sera peut-être le dernier livre que je lirai, mais finalement, je suis plutôt heureux. C'est un grand livre, et sa lecture m'aide un peu chaque jour.

J'ai lu jusqu'à une heure avancée de la nuit, jusqu'à ce que mes yeux alourdis de fatigue ne puissent plus supporter le poids des paupières, jusqu'à ce que la lueur vacillante de la bougie embrase mes iris.

Et puis, finalement, vaincu par l'épuisement, je me suis écroulé sur mon lit de camp, enivré par l'angoisse, abruti par la résignation.

Au matin, le capitaine Juvigny vient me trouver pendant que je me verse une tasse de café. Il s'installe à côté de moi. Je lui en propose une, qu'il accepte volontiers. Sans ménagement, il entre dans le vif du sujet :

– Lieutenant, je suis venu vous confirmer ce que je vous ai annoncé hier, à savoir que nous attaquerons bien demain aux premières heures du jour.

Je reste silencieux, ma tasse de café brûlant à la main. Puis, je m'assois près de lui, les yeux dans le vague, incapable de prononcer un seul mot.

– Nous rejoindrons Malancourt dès ce matin. Deux autres régiments doivent arriver dans la journée. Cet après-midi, nous prendrons nos quartiers dans la tranchée. Nous y passerons la nuit pour attaquer demain à l'aube. L'État-major veut des résultats. Il réclame la cote 307, et nous allons la lui donner. Je vous présenterai à vos hommes dans l'après-midi. Vous les tiendrez informés de ce que nous attendons d'eux. Bien évidemment, je compte sur vous pour les encourager à plonger tête baissée au cœur de la bataille. Je sais que vous en êtes parfaitement capable ; en tout cas, vous en avez les fonctions.

– En somme, je dois les motiver suffisamment pour qu'ils aillent se faire tuer.

La remarque m'a échappé. Juvigny me fusille du regard.

– Écoutez, Levasseur, ne vous plaignez pas trop : vous faites partie de la seconde vague. Ceux qui devront partir juste avant vous seront sans doute moins vernis !

– Quelle chance ! ne puis-je m'empêcher de réprimer.

– Votre insubordination m'insupporte ! explose Juvigny.

Je réalise brusquement que je suis allé trop loin.

– Excusez-moi, mon capitaine, je ne pensais pas ce que j'ai dit.

Juvigny me regarde fixement, affichant un demi-sourire.

– Oh si, vous le pensiez ! Mais j'accepte néanmoins vos excuses. Vous savez, je sais ce qu'est la peur. Nous la partageons tous. Moi non plus, je ne supporte plus les sifflements, les explosions, les râles de nos blessés la nuit, quand ils attendent une mort qui ne vient pas. Je suis comme vous, je suis comme nous tous : j'ai envie de rentrer chez moi. J'ai une femme et deux enfants qui m'attendent à la maison. Et il ne se passe pas une seule journée où je ne me dis pas que je ne les reverrai peut-être jamais.

Puis, il se tait, demeurant les yeux baissés, dans une posture étrange proche du recueillement.

Alors, je perturbe sa rêverie :

– Répondez-moi sincèrement, capitaine, vous pensez vraiment que la cote 307 sera décisive ?

Mon supérieur me gratifie d'un long silence éloquent.

Il boit une gorgée de café et repose la tasse en soufflant :

– Pour être honnête, j'essaye surtout de m'en convaincre moi-même. Non, vous avez raison, je n'en suis pas vraiment persuadé. Mais je n'ai pas le choix : quand on est militaire, on doit avancer, non ?

Je soupire en acquiesçant.

Le capitaine se lève et me pose la main sur l'épaule :

– Je vous laisse. Une rude journée nous attend, et ce sera encore plus difficile demain matin.

Je le vois s'éloigner dans le brouillard matinal.

Je sais déjà que les heures qui vont suivre seront parmi les plus longues de mon existence.

9

C'EST DANS L'APRÈS-MIDI que notre régiment part pour le front.

Des dizaines de camions font la navette entre notre campement et la tranchée. J'ai pris l'un d'eux pour rejoindre notre détachement. Les véhicules se suivent à la file indienne, telle une colonne de fourmis parties à l'aventure ; sauf que pour nous il n'y a aucun imprévu et il ne nous est pas difficile de deviner ce qui se trouve au bout de notre chemin.

La route est cahoteuse. Les camions roulent péniblement, nous faisant bringuebaler à l'arrière. Nous sommes assis en rangs d'oignons : jeunes, vieux, malades, valides. Nous avons tous peur, car nous savons parfaitement où nous nous rendons, et ce qui nous attend dans quelques heures. Les visages sont graves. Sous les barbes, on devine les traits tirés par l'épuisement.

Personne ne parle. Seuls nos regards se croisent, affichant l'expression vide, désincarnée, d'une mort prochaine.

À l'arrière du véhicule, quelques-uns fument, laissant s'échapper les volutes ondulantes dans le gris bleuté de la campagne. Cigarettes de condamnés, promis à une disparition aussi rapide qu'anonyme.

Une vingtaine de kilomètres plus tard, on s'approche des tranchées. On peut déjà sentir l'odeur de la boue, cette terre lavée, retournée, malaxée, devenue une pâte au fil des années.

Je sais vers quoi je reviens. Je regarde les visages dans ce camion et je m'interroge : de si jeunes garçons m'entourent ; savent-ils, eux aussi, vers quoi ils vont ? Ont-ils déjà vécu une attaque de ces assauts meurtriers d'où presque personne ne revient ?

Serrés les uns contre les autres, on oublie le froid, cet hiver carnassier qui dévore tout sur son chemin, qui déchiquette ce qu'il reste de vivant dans ses mâchoires de gel, entre ses griffes de givre.

Lorsque les camions s'arrêtent, lorsqu'ils nous font descendre, alors la froidure saisonnière vient nous entamer la peau et nous mordre jusqu'aux os.

À présent, chacun sait qu'il se trouve dans l'antichambre de la mort.

10

C'EST VERS LE MILIEU DE L'APRÈS-MIDI que les hommes commencent à prendre place dans la tranchée. Des régiments entiers affluent vers ce sillon gigantesque censé nous protéger de l'ennemi.

Vers cinq heures du soir, la nuit tombe. Chacun essaie de trouver un espace, même le plus réduit possible.

Puis, deux heures plus tard, la roulante nous apporte la soupe. Elle n'est pas bien fameuse, davantage composée d'eau que de légumes. Pour compenser, l'État-major nous a fait livrer une double ration de pommes de terre par soldat.

La veille d'une attaque, nos supérieurs ont pris l'habitude d'être généreux. Pourtant, de jour en jour, le ravitaillement paraît toujours plus insuffisant.

C'est le pain qui manque le plus. Au début de la guerre, nous avions facilement une demi-boule par homme, mais pour ce soir il nous faut faire une douzaine de parts dans une boule entière.

Nous avons également reçu un litre de rhum pour huit hommes. C'est toujours comme ça avant une attaque.

Nous redoutons tous qu'il se mette à pleuvoir. L'eau s'écoule tel un fleuve au fond des tranchées, creusant la terre, formant une boue pâteuse et brunâtre qui devient notre unique décor. Mais c'est la neige qui a commencé à tomber en début de soirée. Quelques flocons timides, puis les chutes se sont intensifiées. Le rideau s'est fait plus compact, plus épais.

Vers vingt et une heures, le capitaine Juvigny est venu inspecter la tranchée. Il a demandé à tous les lieutenants d'installer les hommes dos à dos, assis sur leurs sacs.

Telles des statues, nous demeurons figés au fond du boyau. La neige redouble d'intensité. Maintenant, elle tombe drue. Quelques flocons se glissent dans mon col, répandant le liquide glacial dans mon cou, le long de mon dos.

Puis, une fois que chacun a trouvé son confort personnel, improvisé au milieu de ce chaos, Juvigny me demande de m'adresser aux hommes de ma compagnie. Il est temps de leur parler, de les rassurer, de les préparer.

Il doit être dix heures du soir. Plusieurs dizaines d'hommes se sont réunis autour de moi. Plusieurs tiennent un quart de métal à la main. Ils savourent les quelques gouttes de rhum qu'on a bien voulu leur livrer. J'inspecte leurs visages sans expression. Leurs yeux sont braqués sur moi. Ils guettent le moindre de mes gestes, les premiers mots qui sortiront de ma bouche asséchée. Ils attendent, inquiets, sereins, sans doute résignés pour la plupart. Ils m'entourent tous, et cet encerclement ressemble à une menace. J'ai aussi peur qu'eux. Je suis littéralement pétrifié ; et pourtant, je dois leur parler, leur faire comprendre que je suis avec eux, que je partage leur sort, et que peut-être nous allons mourir ensemble.

Alors, submergé par l'angoisse, je me lance :

– Mon nom est Gabriel Levasseur. Je suis votre lieutenant. Dans quelques heures, nous attaquerons, demain à l'aube pour être exact. C'est moi qui commanderai votre unité. L'État-major exige la cote 307, et nous la lui donnerons. Certains d'entre vous ont sans doute vécu des assauts meurtriers. Pour ma part, ce sera le troisième. L'ennemi est coriace, terriblement fort, et si nous voulons garder cette terre française, il faudra nous battre jusqu'au bout. Vous savez, comme bon nombre d'entre vous, je suis marié, et j'ai un enfant, un petit garçon qui m'attend à la maison. Cela fait longtemps que je ne l'ai pas vu. Plus que tout au monde, j'aimerais retrouver ma femme et mon fils, c'est vrai, mais j'ai aussi conscience d'être là pour accomplir mon devoir, pour effectuer une mission de la plus haute importance, et pour retrouver les miens français et non allemands. Je n'abandonnerai pas mon pays aux mains de l'ennemi. C'est pour ça que demain je serai avec vous, à vos côtés, et que nous sortirons de cette tranchée ensemble. Si certains parmi vous sont croyants, alors qu'ils prient Dieu de toutes leurs forces, car il devra nous aider. Pour les autres, je ne peux que vous souhaiter d'avoir de la chance, et d'être protégés par votre bonne étoile. D'ici là, essayez de dormir quelques heures en oubliant le froid, et en oubliant demain matin. Je vous souhaite à tous de trouver en vous le courage et la force qui vous permettront de rentrer dans l'Histoire. Bonne nuit, messieurs.

Des murmures s'élèvent. On me souhaite également une bonne nuit.

À présent, je sais que le temps nous est compté.

11

IL EST MINUIT PASSÉ. La galerie est silencieuse. Dans quelques heures, nous allons monter à l'assaut.

La neige a recommencé à tomber. D'épais flocons recouvrent déjà le sol, déposant un linceul sur cette boue gelée. Les soldats sont assis contre les parois de la tranchée, en équilibre sur leurs sacs. Chaque fois que je me déplace de quelques mètres et que je passe devant eux, ils me suivent de leurs grands yeux vides.

Je fais tout pour éviter leurs regards, mais lorsqu'il m'arrive d'en croiser un, je retourne inexorablement vers ce que je tente de fuir : mon passé, mon enfance, une vie pleine d'espoir. Tous sont si jeunes, si éloignés de ce qui va se passer sur ce champ de bataille dans quelques heures. Leurs expressions sont figées. Ceux qui ont déjà participé à un assaut retrouvent facilement la peur de ce qu'ils ont déjà vécu ; les autres essaient d'imaginer ce qui va les tuer.

Dans mon discours, j'ai conseillé aux hommes de dormir un peu en attendant l'aube. Je sais parfaitement qu'aucun n'en sera capable. Qui pourrait passer à dormir les dernières heures qui lui restent à vivre ? Je ne vaux guère mieux que les soldats auxquels je me suis adressé.

Dès mon arrivée dans la tranchée, je me suis aménagé un petit coin de galerie. J'y ai déposé mon paquetage sur une petite table.

Alors, dans le silence de cette tranchée où personne ne dort, où on chuchote, où on fume, où on joue aux cartes, je sors un bougeoir que je pose sur le côté de la table, quelques feuilles, un porte-plume et un encrier. Que puis-je faire d'autre que d'écrire, peut-être pour la dernière fois, à celle que j'aime : Madeleine ?

Une fois de plus, j'écoute la plume gratter le papier de mauvaise qualité, je regarde la page boire l'encre que j'y déverse en mots. Mon cœur en lambeaux bat si fort, tambourine contre mon âme. Les mots sont chaque fois différents, mais disent toujours la même chose : qu'elle et Jean me manquent, que je rêve de les prendre dans mes bras, de sentir la chaleur de leurs corps contre moi, même une dernière fois. Dans quelques heures, je serai peut-être mort, et on trouvera cette lettre dans ma vareuse, bien au chaud contre ma poitrine.

Dans la tranchée, je perçois tous les bruits de la nuit. J'entends les chuchotements, les murmures, les prières. Dans la pénombre, certains soldats parlent à leur mère, retour aux sources instinctif, naturel, dernier refuge de celui qui va mourir. Moi aussi, je me souviens, lorsque j'étais encore enfant et que, malade, ma mère me gardait au lit une partie de la journée. Je me remémore avec précision ces moments de tendresse, de douceur et de bien-être. De l'extrémité de mon godillot, je chasse un rat s'aventurant sous la table. Quelle chance il a ! Personne ne l'oblige à se battre contre un autre, absolument personne, et s'il lui arrive de se battre, c'est pour survivre, pour avoir le plus gros morceau de pain. Finalement, après trois années de guerre, ne connaissons-nous pas mieux ces rongeurs que nos ennemis ?

Et puis, ma plume reste en suspension au-dessus de la page. Brusquement, je demeure dans l'incapacité d'écrire un mot de plus. Pourquoi ? Je l'ignore.

Mon pouls s'accélère sans que je sache vraiment pourquoi. Cela recommence. Le tam-tam métallique s'affole, résonne dans tout mon cœur, semblable à la frappe régulière d'une masse sur une enclume. Puis, une longue douleur, à la saveur âpre de terre, se met à glisser lentement dans ma trachée-artère. Ma salive sèche et froide, au goût d'acier, coule en un flot saccadé dans mon estomac jusqu'à le remplir. J'ai peur. Dans quelques heures, je serai peut-être mort, couché sur le dos dans un trou d'obus, la cage thoracique pulvérisée, le visage couvert de boue, un visage d'où ne sortira qu'une bouche large et béante, un puits de chair au cratère cerclé de dents jaunes.

Au-delà de cette tranchée, je sais que le paysage n'a pas changé. Il ressemble à un immense carré de terre qu'un enfant aurait piétiné, bêché des heures entières, retourné d'une façon désordonnée, utilisant une pelle trop lourde pour lui.

C'est une terre noire, humide, suintante, gorgée de pluie, imbibée de sang, une blessure gigantesque, comme une brûlure sur la peau. Deux longues ornières, cicatrices profondes au poignet d'un suicidé, délimitent cette plaie en territoire de souffrance.

– Je peux vous parler, mon lieutenant ?

Je relève la tête : le sergent Danrémont me fait face, petit bonhomme coincé dans une capote au bleu délavé.

– De quoi s'agit-il, sergent ?

Il est là, devant moi, la mine défaite. Puis, il s'arme de courage et bredouille quelques mots :

– Tout à l'heure... ce sera pas facile...

Je le fixe. Il peut à peine parler. On sent son corps entier enveloppé par la peur, telle une gangue.

– Non, je ne veux pas vous mentir, sergent. Ce ne sera pas facile.

– Je n'arrive pas à m'endormir, m'avoue-t-il, tel un enfant pris en faute.

– Moi non plus, je n'arrive pas à trouver le sommeil. Vous n'êtes pas le seul à avoir la trouille. Vous voulez vous asseoir ?

Le sergent saisit une caisse renversée quelques mètres plus loin, la passe entre ses jambes, et s'assoit. Il tremble légèrement.

– Mon lieutenant, j'aurais voulu savoir...

Bien que les joues du jeune soldat continuent à vibrer, de froid et de peur, ses lèvres gercées restent figées, comme si cette partie de son corps était paralysée.

– Oui ? soufflé-je en avançant légèrement le buste.

– Vous êtes... croyant ?

La question me surprend. Pour lui, une réponse, à ce moment-là, paraît essentielle.

– Pourquoi cela, sergent ?

– Parce que… je crois que je n'ai plus la foi. Avant… avant, je croyais. Je ne me posais aucune question. Je me sentais fort intérieurement. Je n'avais aucun doute. Mais depuis, j'ai vu tant d'amis se faire tuer devant moi…

– Je ne suis pas croyant, Danrémont. Je ne peux pas vous aider, mais je ne pense pas que Dieu ait à voir quelque chose avec tout ça. Croyez en la vie, et tout à l'heure faites en sorte de sauver votre peau. C'est le seul conseil que je puisse vous donner.

Danrémont incline la tête, puis se lève et replace la caisse là où il l'a ramassée. Pourtant, il ne part pas, reste devant moi, immobile.

– Il y a autre chose ? hasardé-je.

Le soldat hésite, embarrassé.

– Oui… enfin… Je ne sais pas si je dois vous en parler.

– De quoi s'agit-il ? demandé-je, légèrement inquiet.

– Raoul Bonvoisin a été convoqué par le colonel Bertrand-Flagny.

Je le dévisage avec stupeur.

– Le colonel Bertrand-Flagny ? Vous êtes sûr ?

Le doute m'envahit brusquement : pourquoi un colonel a-t-il convoqué un simple soldat la veille d'une attaque ? Que se passe-t-il ?

– J'en suis certain, mon lieutenant. J'ai vu deux hommes l'escorter jusque chez le colonel. Ensuite, à sa sortie, il m'a raconté.

– Il vous a raconté quoi, exactement ?

– Que le colonel lui avait dit qu'il l'avait à l'œil depuis le dernier assaut, et que depuis cette attaque il le suspectait de ne pas vouloir avancer.

– Le colonel l'a-t-il menacé de quelque chose ?

– Oui, mon lieutenant, soupira Danrémont. S'il n'atteint pas les barbelés allemands, le colonel le fera passer par les armes le lendemain matin.

Je baisse la tête et fixe la terre. C'est encore plus insensé que je ne pouvais l'imaginer. La voix du sergent me sort de mes pensées :

– Mon lieutenant, vous connaissez le colonel comme moi : vous savez qu'il le fera.

– J'irai parler au capitaine Juvigny. Peut-être pourra-t-il intervenir.

– Sauf votre respect, mon lieutenant, vous savez bien qu'il ne pourra rien faire.

Danrémont a raison, et nous le savons tous les deux, mais pour la forme je ne peux pas le laisser repartir sur un constat aussi pessimiste.

– Eh bien… j'essaierai, du moins.

Le sergent me salue et disparaît en se faufilant dans un boyau étroit où les soldats sont agglutinés contre les parois de terre.

12

À PEINE LE SERGENT est-il parti que je marche déjà en direction du renfoncement dans lequel s'abrite le capitaine Juvigny.

Au fur et à mesure que je progresse dans la tranchée, je sens mes souliers s'enfoncer dans la boue, cette fange immonde qui depuis trois ans sent la pourriture et la mort.

Lorsque Juvigny me fait entrer dans sa modeste retraite, il est en train d'écrire, sans doute à son épouse, comme la plupart d'entre nous le font depuis des années.

Paradoxalement, il ne semble pas mécontent que je le dérange, même plutôt heureux d'avoir de la compagnie.

– Entrez, Levasseur, asseyez-vous.

Je tire une chaise et m'assois près de son bureau.

– Il me reste un peu de rhum. Vous en voulez un verre ? me propose-t-il.

J'accepte volontiers.

Tandis que le liquide brun remplit les parois de cristal, je prends la parole :

– Capitaine, j'ai entendu dire que le colonel Bertrand-Flagny avait fait appeler le soldat Raoul Bonvoisin, en lui donnant ordre d'atteindre les lignes ennemies lors de la prochaine attaque.

– Qui vous a dit cela ?

– Les hommes parlent, et dans la tranchée les murs ne sont pas très épais.

– C'est un fait, soupire Juvigny, le colonel lui a effectivement donné l'ordre d'atteindre les barbelés allemands.

J'avale mon verre cul sec et le repose sur la table. Brusquement, je sors de mes gonds :

– Vous savez que c'est impossible, mon capitaine ! Lui donner l'ordre d'atteindre les barbelés, c'est le condamner !

Juvigny me fusille du regard.

– Qu'est-ce que vous croyez, Levasseur, que c'est moi qui donne les ordres ? Et puis nous sommes tous condamnés ! Sincèrement, répondez-moi : combien d'entre nous seront encore vivants dans quelques heures ?

Bien sûr, je n'ai pas la réponse à cette question, et il le sait :

– Raoul Bonvoisin est un excellent soldat, et en d'autres attaques il a atteint les barbelés allemands ; peut-être pas au cours des derniers assauts qui étaient extrêmement meurtriers, mais de toute façon, qui aurait pu le faire ?

– Écoutez, Levasseur, je ne peux pas aller contre l'ordre d'un colonel, et cela à quelques heures d'une attaque, aussi meurtrière soit-elle ! Ce n'est nullement ma faute si l'État-major a exigé que les fortes têtes devaient tomber...

– Mais Bonvoisin n'est pas une forte tête !

– Pour le colonel, c'en est une ! Je suis désolé, inutile d'insister ! Pensez plutôt à prendre quelques heures de repos, si vous le pouvez. J'ai une lettre à terminer, et je vous remercie de me laisser.

Je le salue et sors. La tranchée est silencieuse.

Quelques gouttes de pluie viennent s'écraser sur moi. Des hommes fument, tentant de se réchauffer autour d'un feu improvisé. D'autres parlent à voix basse. Aucun ne dort.

Dans quelques heures, au lever du jour, ce sera l'assaut.

13

LA PLUIE A REMPLACÉ LA NEIGE, et à présent redouble de force. Ce qui n'était encore que quelques gouttes au milieu de la nuit s'est désormais transformé en une véritable averse.

Dans la semi-pénombre, à l'abri sous une bâche, je regarde les hommes. Nous attendons tous quelque chose d'inéluctable. Chacun affiche un visage grave, résigné.

Depuis le début de la guerre, j'ai survécu à trois attaques particulièrement meurtrières, et n'ai subi que de légères blessures, comparées à celles d'autres soldats, aujourd'hui amputés ou défigurés. Je suis conscient d'être un miraculé, mais je sais aussi que cette chance finira par tourner, et que sans doute, dans quelques heures, je ne serai plus de ce monde.

Bien sûr, je songe à Madeleine, à notre petit Jean, à cet enfant que j'aime plus que tout, et qu'à cause de cette guerre je ne verrai pas grandir.

Dans la tranchée, les hommes sont assis, le dos contre le mur de terre. Ils attendent dans ce silence qui précède l'aube, où chacun prend conscience que ce sont peut-être ses derniers instants à vivre.

Le moment de l'attaque approche, inévitable. Les hommes sont terrifiés, et leur peur est palpable. On la sent dans ces galeries de boue.

Cette guerre ne ressemble plus vraiment à ce qu'elle devrait être. Lorsqu'elle a commencé, j'avais lu dans mon manuel d'instruction militaire que tout devait être entrepris pour épargner la vie des hommes. À présent, on les envoie par milliers se faire tuer en sachant que leur mort ne permettra nullement de remporter une seule victoire, aussi infime soit-elle, qu'elle ne fera pas gagner le moindre lopin de terre aux Français. Aujourd'hui, le mot « sacrifice » n'existe plus. On ne les sacrifie plus, on les envoie délibérément à l'abattoir. Et puis, il y a toutes ces « affaires » qui ne parviennent plus à rester secrètes. Elles ont fini par quitter les arcanes de l'État-major pour circuler dans les tranchées. Chaque homme a encore en tête ce qui est arrivé aux soldats Crémieux et Inclair.

En septembre 1914, Crémieux, du 61e régiment d'infanterie, a été blessé à la main par un éclat d'obus. On l'a fusillé pour « mutilation volontaire ». Celui qui m'a raconté cela était dans le peloton. Chaque jour, à l'heure où a eu lieu l'exécution, il prie Dieu pour se persuader qu'une balle à blanc se trouvait dans son fusil le jour de la mort de ce malheureux.

Et Inclair, du 30e régiment d'infanterie, que l'armée française, en ce même mois de septembre, a retrouvé perdu dans les Vosges, marchant depuis des jours, affamé. Il a été exécuté pour abandon de poste, mais ce dont se souviennent les poilus, c'est que le conseil de guerre s'était tenu à trois heures de l'après-midi, alors que la tombe d'Inclair était creusée depuis dix heures du matin.

Ces quelques faits, auxquels nous n'avons pas prêté attention au début, ces quelques nouvelles rapportées au fil de leur circulation dans les tranchées, hantent désormais jour et nuit les pensées des soldats.

À l'horizon, les premières lueurs du jour commencent à poindre. Désormais, chacun sait que l'attaque est imminente.

14

La gourde de fer blanc passe nerveusement de main en main. Les soldats la saisissent fermement. Chacun leur tour, ils en avalent une gorgée.

Je me tiens immobile contre le parapet, serrant fort mon fusil entre mes mains gelées. Trois soldats sont réunis au pied de l'échelle, attendant le coup de sifflet qui marquera le début de l'attaque pour sortir de la tranchée.

À quelques mètres, j'aperçois le sergent Danrémont, le visage tourné vers la paroi de terre. Il murmure des paroles inaudibles. Ses doigts bleuis par le froid égrènent les boules d'un chapelet.

Le soldat Bonvoisin, celui même qui a reçu l'ordre d'avancer jusqu'aux barbelés allemands, demeure pétrifié, les mains crispées sur la crosse de son fusil.

La gourde continue à circuler.

La clarté lunaire disparaît progressivement pour laisser place au soleil. Les derniers filaments de la nuit sont remplacés par la lumière du jour ; des machinistes, géants et invisibles, semblent changer le décor d'une scène de théâtre pour préparer le nouvel acte.

– Baïonnette au canon ! hurle le capitaine Juvigny.

L'ordre est aussitôt répété en plusieurs endroits.

Maintenant, chacun attend l'heure du signal. Les baïonnettes sont toutes alignées sur le bord de la tranchée. Bientôt, elles traverseront des poitrines d'hommes que nous ne connaissons pas, qui ne nous ont rien fait.

Les doigts tordus par les engelures retrouvent les gestes oubliés. Les lames sortent des fourreaux, produisant des éclairs d'acier dans la pénombre.

Il ne reste que quelques instants. Dans ma poche, je sens les photos de Madeleine et Jean. Je les sors pour les contempler encore une fois. Ils sourient en regardant l'objectif. Leur douceur m'étreint le cœur. En relevant la tête, je constate que je ne suis pas le seul à agir ainsi ; de nombreux soldats tiennent des photos dans leurs mains.

– Regroupez-vous autour de l'échelle ! Allez, plus vite ! commande Juvigny.

Dans quelques minutes, quelques secondes peut-être, un premier homme posera le pied sur l'échelon le plus bas. Il grimpera, puis un deuxième, un troisième. Des rafales partiront. Des amis tomberont. Mais dans cette attente, chacun se serre contre son voisin, comme si en bloc les balles ennemies ne pouvaient nous atteindre.

15

Le moment attendu comme une délivrance se présente enfin, cet instant de vérité où chacun sait s'il va vivre ou mourir, et comment il va mourir. Retentit alors le cri strident du sifflet, de cette petite bille enfermée dans sa prison de fer, et qui s'agite en prenant vie, tel un minuscule boulet de canon tournoyant sur lui-même.

Juvigny, pistolet en main, le tube de métal serré entre les lèvres, souffle de toutes ses forces. Le son aigu ne s'arrête que quelques secondes, lorsque le capitaine reprend sa respiration.

Les premières chaussures crapahutent le long des échelons. Dans un bruit sec et régulier, les lourds godillots sautent de barreau en barreau.

Juvigny, une main posée sur l'échelle, ponctue le passage de chaque soldat d'un « allez ! » déterminé.

Aussitôt, les mitrailleuses des deux tranchées commencent à entamer leur dialogue de mort, répétitif et haché. La conversation promet d'être longue.

Je progresse avec ma colonne en direction de l'échelle. Les lames des baïonnettes, tenues bien haut à la verticale, dansent comme les cierges d'une église.

Au pied du parapet, on n'entend que le bruit des mitrailleuses crépitant juste au-dessus. Il doit y avoir déjà beaucoup de morts.

Soudainement, la file s'arrête net. On n'avance plus. Cramponné à l'échelle, un jeune soldat refuse de gravir les échelons. Couvert par le vacarme assourdissant et continu que produisent les tirs, le capitaine Juvigny hurle au garçon de sortir de la tranchée. Ce dernier, les joues striées de grosses larmes collantes, s'accroche désespérément à un des barreaux de l'échelle.

Les autres soldats observent la scène, pétrifiés. Aucun d'eux n'ose tenter quoi que ce soit, ou même prononcer le moindre mot.

Juvigny souffle dans son sifflet, mais le garçon ne bouge pas. Cet inconscient a brusquement interrompu le rythme, et risque peut-être de faire naître une mutinerie. Après tout, quelques semaines plus tôt, des mouvements de révoltes similaires sont nés de la sorte.

C'est alors qu'apparaît Bertrand-Flagny en personne.

Juvigny, à bout de souffle, fait retomber le sifflet sur sa poitrine. Dans un même mouvement, le colonel court jusqu'à l'échelle, arrache un fusil des mains d'un soldat, en détache la baïonnette, et la lève bien haut, immobilisant son bras lorsque celui-ci est au-dessus de sa tête.

– Soldat, je vous ordonne de monter cette échelle immédiatement ! crie-t-il au milieu des rafales.

Le soldat ne cesse de gémir, prostré contre les échelons. Alors, le colonel abaisse la lame en un éclair pour venir la ficher dans la cuisse du rebelle.

Après tout, n'éperonne-t-on pas les coursiers pour les lancer au galop ?

En une seconde, Bertrand-Flagny a repris les choses en main. Il a ordonné à un groupe de soldats de tirer sur quiconque refuserait de sortir de la tranchée.

Le visage livide, la mâchoire serrée, la jambe couverte de sang, le soldat blessé se hisse progressivement jusqu'au dernier échelon.

À peine vient-il d'atteindre le dernier barreau qu'une balle allemande lui traverse la boîte crânienne avec un sifflement furtif. Le soldat s'écrase dans la boue noirâtre, au pied de l'échelle, le corps momifié dans sa vareuse, insecte mort dans sa chrysalide séchée.

Deux yeux fixes et grands ouverts regardent Bertrand-Flagny à l'envers. Le capitaine Juvigny ajuste à nouveau le sifflet entre ses lèvres. Deux tirailleurs recouvrent le mort et le traînent dans un coin, à l'abri des regards.

À mon tour, je parviens au sommet du parapet.

Devant moi, dans le champ me faisant face, d'immenses mottes de terre sont soulevées par l'explosion des obus, mais le plus terrible, et d'une attaque à l'autre on ne peut l'oublier, c'est ce bruit insupportable, affreux et continu, composé de cris, de craquements, de sifflements, d'éclatements, de détonations, de déflagrations.

À perte de vue, des hommes tombent, silhouettes en carton qu'on abat sur un stand de tir. Des geysers de boue montent haut dans le ciel, cachant par intermittence les barbelés allemands. À chaque retombée de terre, il faut baisser la tête.

Au fur et à mesure que les hommes avancent, des trous béants s'ouvrent dans le sol. Le relief se forme et se déforme à chaque explosion. Au loin, des arbres prennent feu. Parfois, l'espace d'un éclair, on aperçoit un bras, une jambe, ou même une tête retombant avec un bruit mat dans le magma brun semblable à une mer de boue.

Personne ne se retourne, comme lorsqu'on escalade une montagne et qu'on ne regarde pas en bas. Il ne faut pas voir ce qui se passe à l'arrière. Marcher, gagner à chaque mètre un pouce de terrain, moins pour atteindre les barbelés ennemis que pour écoper d'un « refus de monter à l'assaut » et se retrouver en conseil de guerre.

Les Français approchent du *no man's land*, et déjà on n'arrive plus à avancer. Les tirs se font plus serrés, les envois de 250 plus réguliers. On ne distingue plus ce qu'il y a devant. On progresse en aveugle, sans vraiment savoir où on va.

Je plonge dans un trou.

Un soldat, tassé au fond, comme incrusté dans la terre, y a trouvé refuge.

Son dos est maculé de boue. Il ne bouge pas.

Pendant un court instant, je crois qu'il est mort, mais, sous la force d'une explosion très proche, il se met à bouger. Finalement, je comprends qu'il est vivant, mais qu'il s'est terré au fond de ce cratère, car dans l'impossibilité totale d'aller plus loin.

Le sifflement des obus passe au-dessus du trou. Des traits noirs griffent le ciel jusqu'à le rayer.

Face contre terre, l'un près de l'autre, nous sommes momentanément protégés, sauf bien entendu si un second obus tombe à l'endroit exact de notre trou.

Puis, je profite d'une brève accalmie pour escalader la pente et scruter les lignes françaises. À travers la pluie de terre qui s'abat sur la plaine à chaque explosion, je vois les poilus tomber par dizaines. Aucun ne parvient à dépasser nos propres lignes. Ce qui me frappe immédiatement en découvrant ce spectacle d'apocalypse, c'est que les soldats s'écroulent systématiquement en avant. Je comprends alors ce qui est en train de se passer : ce qui les tue ne sont ni plus ni moins que des balles françaises, car ils les reçoivent dans le dos. La sinistre vérité m'apparaît dans toute son horreur : Bertrand-Flagny a fait ouvrir le feu sur ses propres troupes pour les contraindre à avancer.

Je me laisse glisser au fond du trou, mon corps vient rencontrer celui du premier occupant.

– Alors ? demande ce dernier.

– Alors quoi ?

– Ben, qu'est-ce qui se passe là-haut ? crie-t-il, car un obus vient d'éclater juste à côté de nous.

– Rien, c'est toujours pareil !

Un sifflement nous parcourt l'échine ; nous baissons rapidement la tête au passage d'un obus.

– Faut que j'y aille ! hurle le soldat. Je dois sortir de ce trou !

Brusquement, il s'élance vers le sommet. Avant qu'il ne l'atteigne, je l'agrippe par sa capote et le plaque contre terre.

– Mais mon lieutenant, me crie-t-il, si je reviens dans la tranchée, ils me fusilleront demain. Ils l'ont dit, ils le feront !

Avec toute cette boue sur son visage, je ne l'avais pas reconnu immédiatement, mais je réalise soudain qu'il s'agit de Raoul Bonvoisin. Je lui réponds :

– Si vous faites demi-tour, vous êtes foutu ! Et si vous avancez, vous êtes foutu aussi !

Je n'ai malheureusement rien à lui proposer, et surtout aucun espoir à lui donner. Nous sommes tous les deux terrés au fond de ce trou. Au-dessus, les détonations redoublent d'intensité. Un obus explose juste à côté ; aussitôt, nous sommes recouverts de boue.

Bonvoisin cède à la panique. Tiraillé par la menace de l'exécution promise par le colonel, il veut absolument s'échapper du trou. Mais pour aller où ?

Entre deux détonations, je lui explique que, de même qu'il est pratiquement impossible que la foudre tombe deux fois au même endroit, il semble exclu que dans cette plaine deux obus tombent rigoureusement dans le même périmètre. Pour être totalement honnête, je ne suis pas entièrement convaincu par ce que j'avance, mais c'est la seule métaphore que j'ai trouvée pour calmer le soldat en proie à la terreur.

Je me hisse jusqu'au sommet du cratère. Relevant lentement le casque me tombant sur les yeux, je découvre l'étendue noire percée de lueurs aveuglantes. Le relief n'a plus de limite. Partout, des corps et encore des corps, davantage de silhouettes couchées que debout, et à l'arrière, sortant de la tranchée française, de jeunes soldats viennent en renfort meubler les carrés de terre encore vierges.

Maintenant, la guerre a vraiment un sale visage. Elle est bien loin cette liesse parcourant les quais de gare au lendemain du 3 août 1914. Ici, il n'y a plus de drapeaux, de bleu, blanc, rouge claquants et scintillants. Il n'y a plus que du noir, du marron et du vert. Le seul rouge qu'on rencontre coule sur la terre, et c'est du sang.

Un autre trou béant se trouve à une vingtaine de mètres sur la gauche. D'où je me trouve, il semble plus profond que celui où nous nous abritons pour l'instant. Il constitue peut-être un meilleur refuge, bien qu'au milieu de ce chaos apocalyptique cela ne veuille malheureusement plus dire grand-chose. Mais pourquoi pas, cela vaut la peine d'essayer.

Je pense que si Bonvoisin et moi profitons d'une explosion entre les deux trous, un geyser de terre s'élèvera dans cette zone, et durant l'espace d'un éclair cachera la visibilité des tirailleurs allemands. Toutefois, il faudrait atteindre le second trou avant que la terre ne retombe complètement.

Alors, nous grimpons jusqu'au sommet du trou, calant nos semelles dans la terre, prêts à nous élancer, et guettant l'explosion attendue.

Nous n'attendons pas longtemps. À peine nous sommes-nous positionnés qu'un obus allemand vient s'écraser entre les deux cratères.

Un immense rideau de terre et de boue se dresse sur plusieurs mètres de hauteur. Bonvoisin et moi dégageons nos chaussures de la pente et nous jetons dans la plaine, courbés en deux et le fusil en avant, la baïonnette crevant l'air au parfum de poudre.

Durant ces quelques foulées, nous ne voyons rien d'autre que le bas de nos pantalons, le dessus de nos godillots, et le trou d'obus se rapprochant toujours plus. Autour, nul cri, aucun appel, plus aucun signe de présence humaine, seulement le crachement devenu naturel des mitrailleuses, et les détonations soutenues des canons. C'est un bruit intégré au décor, une voix qui depuis bientôt trois ans couvre celle des hommes. C'est désormais le seul langage officiel, parlé et compris de tous. La langue des fusils est universelle.

16

NOUS PLONGEONS DANS LE TROU et nous laissons glisser sur le ventre jusqu'au fond.

Lorsque nous relevons le bord de nos casques masquant nos yeux, c'est pour découvrir deux visages devant nous.

Bien qu'il soit couvert de boue, je peux reconnaître Adrien Danrémont. Une fois de plus, le destin nous réunit. L'autre est un jeune tirailleur sénégalais. Il se présente : il s'appelle Goundo Diarra.

À présent, nous sommes quatre au creux de ce large trou, cette cuvette de boue dont il est difficile d'atteindre les bords, semblables à quatre fourmis prisonnières au fond d'une tasse, et qui retombent inexorablement à chaque mouvement.

Les présentations sont brèves ; au milieu de ce chaos, l'heure n'est pas aux mondanités. Dans ce cercueil de terre, il y a un sergent, Danrémont, et deux simples soldats, Diarra et Bonvoisin. Étant donc le plus gradé de nous quatre – mais cela signifie-t-il encore quelque chose au milieu de cette apocalypse – c'est donc à moi qu'il revient de prendre une décision, aussi grave et fatale soit-elle. Les paroles de Bertrand-Flagny me reviennent brusquement à l'esprit : « Commander, c'est commander partout, dans une caserne comme sur un champ de bataille. »

Je plante mes doigts dans la terre, et tel un alpiniste me hisse jusqu'au sommet de la pente.

À la fumée et aux explosions se mêle une brume épaisse et cotonneuse survolant la plaine. Cette couche compacte et étendue d'environ deux mètres de hauteur rend totalement impossible la visibilité, comme si la tranchée allemande avait disparu en quelques minutes. Et pourtant, les tirs ne s'arrêtent pas ; les obus continuent à se provoquer en un duel aérien. Rien, ni des hommes ni de la terre, ne semble disposé à enrayer cette rage soudaine et brutale, cette fièvre qui conduit un homme à en tuer un autre pour ne pas l'être.

Lorsque je redescends au bas de notre cachette, les trois hommes m'entourent en rampant. Danrémont me demande s'il y a un autre trou d'obus à proximité, un peu au-delà du nôtre, mais je lui réponds que je suis incapable de voir dix mètres devant.

On ne peut plus avancer, et pourtant il le faut. On peut toujours essayer de regagner les lignes françaises, mais Raoul, que fera-t-il ?

– Écoutez, mon lieutenant, propose-t-il soudainement, retournez dans la tranchée avec vos hommes !

– Et vous ? m'entends-je demander, presque inaudible à cause du bruit.

Nos regards se rencontrent. Je crois qu'à cet instant précis Bonvoisin a déjà compris qu'on ne l'abandonnera pas. Nous savons parfaitement que si tous les quatre revenons en arrière, il sera bel et bien passé par les armes (Bertrand-Flagny n'a jamais manqué à une seule de ses promesses) ; et s'il reste dans cette plaine, arrivera forcément un moment ou un autre où il sera tué.

Nous sommes là, tous les quatre, coincés au fond de notre trou, telles quatre billes oubliées dans une grille d'arbre, au milieu d'une cour d'école.

Les mitrailleuses martèlent le ciel. Parfois, entre deux tirs, on entend des cris, mais le bruit ne s'arrête pas. Il y a aussi cette odeur de poudre qui laisse un goût âpre dans la gorge.

Je cache mon visage dans la terre pour ne pas hurler. Une terrible pensée me vient brusquement à l'esprit : Bertrand-Flagny, cet homme qui fait tirer sur ses propres troupes, c'est celui-là même qui, après la guerre, remettra des décorations aux soldats mutilés et défigurés par ses soins. *Assassin*, murmurent mes lèvres dans la boue, imprimant ce mot dans ce sol déjà historique. Si être patriote, c'est aller se faire tuer en chantant un air dont quelques-uns ont décrété qu'il représentait fort à propos notre pays, alors assurément, il n'y en a pas un seul dans cette plaine.

Puis, je songe soudainement que c'est l'État qui nous envoie mourir sur ces champs, et que plus tard ce même État nous récompensera d'avoir sauvé notre peau, si toutefois nous y parvenons. Et si tous ceux qui s'en sortaient refusaient cette marque de déférence ? Mais certains, comme toujours, avides de reconnaissance et d'héroïsme, seront bien trop heureux de se pavaner dans les rues en arborant leurs médailles ; et à défaut de décoration peut-être exhiberont-ils leurs moignons dont l'extrémité aura été laissée au champ d'honneur.

Tout à coup, tout devient limpide, lumineux : derrière ces beaux cols cravatés et ces pantalons aux plis impeccables, il y a une chose qui pue la mort et la pourriture, et cette chose c'est l'homme.

Je ne veux plus exister, ne plus être lieutenant, mais seulement être humain. Je ne veux plus être ce qu'on attend de moi, me libérer pour de bon de ces chaînes, mais sans mourir pour autant. Mourir, c'est tellement lâche, tellement facile. C'est pas dur de crever sur un champ de bataille, puisque c'est fait pour ça. Mais un champ de bataille, quand il n'y a plus la guerre, ça reste tout de même un champ, alors qu'un soldat ne redevient jamais un homme en temps de paix.

Les paupières fermées dans la boue pour ne plus entendre les explosions et les sifflements, je relis en esprit les phrases des hommes qui croient plus à la mort qu'à la vie, comme celles de monseigneur Baudrillart : « Je pense que ces événements sont fort heureux... Il y a quarante ans que je les attends... La France se refait, et selon moi elle ne pouvait pas se refaire autrement que par la guerre qui purifie... » ou encore celle du lieutenant-colonel Rousset : « Tous ils vont à la bataille comme à une fête. » Curés et militaires : on peut placer des chapeaux sur la tête des assassins.

Avancer, c'est mourir. Battre en retraite revient à envoyer Raoul Bonvoisin au peloton d'exécution. Quatre regards se croisent au fond de ce trou, huit petites lueurs presque éteintes, mais assez vives pour signifier qu'aucun de nous n'est prêt à mourir.

Lorsque la nappe de brume emplit le cratère, nous nous levons dans un même mouvement et grimpons jusqu'au bord. Nous flottons sur une mer de corps immobiles surplombée par un immense brasier. Alors, d'instinct, sans nous concerter, nous nous élançons, le dos courbé, au milieu de la plaine chaotique, où l'odeur de poudre a remplacé celle de l'herbe sauvage.

Je ne pense à rien. Je ne crois en rien. Je ne vois que mes chaussures jouant à saute-mouton par-dessus des cadavres mutilés. Un bras, un fusil, une jambe, un casque, une tête, une course d'obstacles dans un cimetière. Quelques corps gémissant entre deux sifflements d'obus, entre deux explosions, c'est tout ce que nous entendons, silhouettes filant vers la forêt.

Des arbres, des arbres, plus de morts, plus de brouillard, plus d'éclairs ; c'est comme une frontière à atteindre.

Nous rencontrons les premières branches, les premières mousses. C'est une sensation extraordinaire, inexprimable. Nos godillots piétinent les taches verdâtres, comme s'il s'agissait d'un tapis volant, rendant euphorique et rapide. Il n'y a plus de boue, plus de glaise au goût de cadavre. La lumière du soleil se décompose, fulgurante et saccadée, entre les troncs d'arbres, et nos quatre silhouettes s'impriment sur celle-ci, telles des figures dessinées pour une lanterne magique.

Mon cœur, gonflé comme un ballon, danse une sarabande infernale dans ma cage thoracique. Mes jambes, au mouvement mécanique et rythmé, ne faiblissent pas ; elles ne semblent plus appartenir à mon corps. Les détonations se font plus lointaines, déjà étouffées par la forêt. Ce sont des secondes où l'esprit est annihilé, où rien ne compte plus que la course à la vie, la respiration et le cœur qui bat, seule unité de liaison entre l'homme et l'univers.

Quand le bruit des explosions se fait moins présent, la vitesse commence à ralentir. Les reflets du soleil mettent plus de temps pour passer d'un arbre à l'autre, et la capacité respiratoire de chacun semble être parvenue au bout de ses possibilités. Retrouver un rythme normal sera long. Presque simultanément, nos silhouettes dispersées transforment leur course en marche, puis après quelques secondes s'arrêtent. Quatre souffles rauques et inhumains sont venus déranger le silence.

Nous nous regroupons tous autour d'un arbre énorme. Nous nous regardons, étouffant et dégoulinant de sueur, notre fusil serré dans nos mains, la vareuse dégrafée se soulevant en cadence avec cette respiration démesurée.

Les tirs d'obus et les rafales de mitrailleuses deviennent imprécis, presque inaudibles.

– C'est assez… ou… il faut encore continuer ? demande Adrien Danrémont.

Un sourire se forme sur les lèvres de Raoul Bonvoisin, puis un long rire s'échappe de la poitrine du jeune garçon pour monter vers la cime des chênes.

On se regarde tous, hébétés, réalisant seulement maintenant ce qu'il vient de se produire : nous venons de déserter du champ de bataille.

17

Vers midi, le combat est toujours aussi fort. Les tirs d'obus partent à la même cadence qu'au premier assaut, mais de l'intérieur des bois tout cela paraît étrangement lointain.

Entre deux nuages de fumée, le soleil a refait son apparition pour montrer qu'il existe encore, ou seulement pour dire que ce qui se passe ici n'a plus d'importance pour lui. Il perce le centre de la forêt d'un rayon unique, tel le faisceau partant d'un phare.

Épuisés, nous restons des heures dans les bois. Puis, avec la nuit qui tombe, nous nous endormons.

En m'éveillant, je fais craquer des branches mortes, prisonnières sous mon corps. Le bruit du canon, au loin, est le premier élément du monde réel que je retrouve. Mes yeux grands ouverts englobent un cercle d'arbres, dont les troncs s'achevant comme des flèches finissent par se rejoindre. Je me redresse et m'adosse contre un énorme chêne. Les trois autres, recroquevillés, dorment en étoile autour de la base de l'arbre.

Lentement, je lève les yeux et fixe le soleil à travers les branches.

« L'année 1915 nous apportera la victoire et la paix » ; la phrase du général Cherfils s'imprime sur le disque lumineux. Cette déclaration éloquente n'a plus aucun sens aujourd'hui, car nous sommes en 1917, et la guerre continue.

– Et si on nous retrouvait ? pensé-je subitement. Peut-être qu'à cette heure, nous n'avons déjà plus la moindre chance de sortir vivants de cette forêt.

À quelques mètres de moi, Raoul Bonvoisin se réveille en sursaut. Une explosion, plus proche que les autres, vient de le tirer de sa torpeur.

Il se lève et se met à frapper le tronc de toutes ses forces. Il crie en pleurant.

– J'veux pas mourir ! J'veux rentrer à la maison ! J'veux pas retourner là-bas !

Ses phalanges recourbées, dures comme de l'acier, viennent s'écraser contre l'écorce. Des particules de poussière brunes, s'échappant des copeaux, virevoltent dans l'air sous l'effet de ses coups.

Adrien Danrémont et Goundo Diarra, réveillés par ses cris, se lèvent et le saisissent à la taille et aux jambes. Ils se laissent tomber et l'entraînent dans leur chute.

Leurs doigts s'accrochent à ses vêtements. Raoul gémit et transpire.

– Calme-toi, arrête ! hurlé-je, en agrippant les épaules du soldat. Tu ne retourneras pas dans la tranchée ! Tu es comme nous ! Tu es libre ! Pour nous, la guerre est finie !

Raoul Bonvoisin glisse contre l'arbre, en larmes.

– On est des… déserteurs ! Ils vont nous fusiller !

Puis, il se calme. Sa respiration se fait plus lente, plus maîtrisée. Il s'aperçoit brusquement que nous le regardons tous les trois.

– Excusez-moi… marmonne-t-il, l'air hagard.

Alors commence une longue période de silence. Les yeux de chacun croisent ceux de l'autre, mais la bouche ne peut s'ouvrir. Je me décide à parler :

– Je sais ce que vous ressentez. Vous vous dites que jusqu'ici nous étions de bons soldats, et qu'à présent nous voilà transformés en déserteurs. Il vaut mieux le savoir tout de suite : à partir de maintenant, nous sommes condamnés. Dorénavant, notre vie va consister à ne plus suivre les autres, mais à les devancer, à ne plus subir les ordres, mais à nous les donner à nous-mêmes. Pour nous quatre, ce n'est pas la guerre que nous venons de gagner, mais la liberté ! Cette liberté, nous allons la payer chèrement, et il faudra sans doute vivre des choses encore plus dures que celles que nous avons vécues jusqu'ici. Mais la différence, et elle est essentielle, c'est que nous avons choisi notre sort.

– Il doit bien y avoir un moyen de réintégrer notre tranchée, suggère Adrien.

– Non, dis-je instantanément, il n'y a aucun moyen ! Il faut vous ôter ça de la tête. Il n'y a plus aucune échappatoire. Si on revient dans nos lignes, c'est le conseil de guerre sans discussion… et vous connaissez la suite.

Alors, je me mets soudainement à penser à toutes ces épouses, ces mères, ces sœurs, ces femmes auxquelles les gendarmes viennent chaque jour annoncer qu'elles ne reverront plus ceux qu'elles aiment. Ces femmes-là, croient-elles encore en la patrie ?

– Et maintenant, qu'est-ce qu'on va devenir ? demande Goundo Diarra. On ne peut plus rentrer chez nous, mon lieutenant.

– Non, on ne peut plus rentrer chez nous, c'est vrai, mais nous allons vivre debout, et ça, c'est le plus important !

18

NOUS ATTENDONS EN SILENCE au cœur de la forêt, scrutant le ciel entre les branches. Nous sommes assis tous les quatre aux pieds de deux chênes. Le sous-bois embaume la poudre et le feu. Devant nos yeux, de la poussière danse dans la lumière, semblable à la mémoire des morts qui accompagnent nos vies depuis déjà trois ans.

Le bruit des canons se fait plus lointain, les tirs d'obus plus espacés. Nous nous observons sans prononcer un mot. Nous attendons que la nuit tombe. Nous savons tous que nous ne devons pas bouger, que le moindre mouvement peut nous être fatal.

Nous sommes condamnés, certes, mais nous avons terriblement envie de vivre.

Alors, imperceptiblement, à tour de rôle, sans vraiment nous en rendre compte, nous commençons peu à peu à parler de nous, à nous présenter, à expliquer aux autres qui nous sommes.

Avant la guerre, Goundo aimait la course à pied sur les plages immenses du Sénégal. Mais un jour, au nom du peuple français, on est venu l'arracher à son pays pour l'amener dans les prairies gorgées de pluie de la Somme.

Les yeux d'Adrien pétillent lorsqu'il évoque ses longues courses à bicyclette, le martyre des montées et l'ivresse des descentes, « quand la roue t'emporte l'esprit dans les nuages », comme il dit. Il donnerait tout pour être assis dans un massif d'orties, les doigts enduits de graisse, réajustant une chaîne sautée sur les pignons d'un dérailleur chromé.

Raoul cultive la boxe, mais d'un tempérament finalement peu agressif il perd régulièrement tous ses combats. Il préfère éviter les coups plutôt que les distribuer. En fait, ce qu'il apprécie dans la boxe, c'est le réflexe et la souplesse, et par-dessus tout l'art de l'esquive. Il ne voit pas dans cette forme d'art une quelconque apologie de la violence. À cause de cette conduite peu fugueuse, ses camarades du club l'ont surnommé « Punching-Ball ». Bon prince, il leur pardonne.

Je leur parle longuement de mon métier d'instituteur, de cette passion pour l'enseignement qui m'a gagné dès l'enfance, de ce premier poste obtenu à côté de chez moi, et puis évidemment de Madeleine et de Jean, ces deux êtres si essentiels à ma vie, et qui me manquent terriblement. Pourtant, en ces minutes précieuses, je me sens curieusement plus proche de la mort que de ma femme et de mon fils. Notre geste est irréparable, et nous allons commencer à en payer les conséquences.

Soudain, au milieu de cette forêt sans bruits, Goundo se met à chantonner, mettant fin à mes rêveries :

Jam ndu waarewa (Salut le grand oiseau plumier !)

Jam polo yaamnde (Salut la fin de l'hivernage !)

Nan uyoroova (Entends souffler le chaud vent d'est !)

Ndiird ndaaree (Avançons-nous et admirez !)

Nayrel ndaaree (Formons un cœur et admirez !)

Nyallee waalee (Passez les jours, passez les nuits !)

Dum folo yaamnde (Voici la fin de l'hivernage !)

La voix de Goundo est douce, semblable à une berceuse.

Bien sûr, aucun de nous ne comprend les paroles, mais nous accompagnons doucement sa chanson en chantonnant. Comme apaisés, nous laissons nos esprits vagabonder quelques instants.

19

– ET COMMENT ON VA FAIRE pour se nourrir ? lance brusquement Adrien, me fixant d'instinct.

Les deux autres dirigent aussitôt leur regard vers moi.

Pendant notre course folle au milieu des bois, les grades n'existaient plus, mais là, tout à coup, la hiérarchie militaire a miraculeusement repris ses droits, et je suis redevenu leur lieutenant.

Adrien, Goundo et Raoul guettent la moindre de mes réactions, attendant bien sûr ma décision. Celle-ci sera forcément lourde de conséquences.

Finalement, je me lance, sans pourtant savoir réellement ce que je vais dire :

– Bien sûr, on peut rester ici, dans la forêt, nous nourrir de mousse, de racines, de feuilles, c'est faisable, mais cette solution ne vaudrait que pour quelques jours. Le problème, c'est que la guerre ne va pas s'arrêter demain, et qu'il faut bien continuer à vivre. D'un autre côté, sortir de la forêt revient à s'exposer…

Les trois autres me regardent avec circonspection, n'osant émettre la moindre idée.

– Et si on se séparait ? propose Raoul.

– Se séparer ?

– Oui, deux resteraient ici, et les deux autres iraient chercher de la nourriture.

Je les regarde à tour de rôle, silencieux.

– C'est vrai qu'on est moins repérables à deux qu'à quatre.

– On est moins forts aussi, intervient Goundo.

Mon esprit progresse à un rythme frénétique. Je poursuis :

– Il y a un autre problème : si jamais les deux qui sortent de la forêt se font prendre, comment les autres seront avertis ? Ils attendront en vain. Non, ce n'est pas la solution. Quoi qu'on le veuille, nous sommes condamnés à rester ensemble. Et puis, cette nourriture, où la trouver ? Notre solde ne nous permettra pas de tenir longtemps, et la voler s'avère trop dangereux. Et puis franchement, fagotés comme nous sommes, avec nos barbes hirsutes, nos cheveux gras et nos vêtements froissés, qui acceptera l'idée que nous sommes en permission ? Nous aurons plutôt l'allure de parfaits déserteurs.

Puis, à bout d'arguments et de fatigue, je me tais.

Nous sommes devant un nouveau dilemme. Mon pouce et mon index effleurent la surface d'une mousse. Ils se serrent pour former une pince, et en décollent un petit morceau. Je le porte à ma bouche et me mets à le mâcher.

Sans grimacer, mais sans sourire non plus, je frotte mes maxillaires d'un geste instinctif et régulier.

– Alors ? demande Adrien.

Deux autres regards accompagnent sa question.

– C'est pas franchement mauvais, mais ça n'a aucun goût.

– Ça n'a même pas un petit goût de menthe ? reprend Adrien.

– Non, ça sent même pas la menthe, et en plus ça gratte la gorge !

Cette mousse n'est pas la solution idéale. Il y en a peu. Il faut l'économiser, et le fait de mâcher déclenche plutôt la faim qu'autre chose.

Lorsque la nuit tombe, les explosions d'obus et les tirs de mitrailleuses se font plus irréguliers, comme un cerf assailli pendant des heures par une meute sent que ses forces le quittent, et que ses mouvements plus maladroits vont bientôt le trahir. Cette longue journée de tuerie n'est qu'une bête qui s'épuise.

Nous n'avons pas beaucoup parlé. Nous ressemblons un peu à ces enfants qui ne se connaissent pas, et qu'on aligne en rang par deux un premier jour d'école. Nous nous regardons, nous observons, découvrant les manies de chacun.

Après un moment, je prends la parole :

– Demain matin, aux premières lueurs du jour, nous ferons une sortie hors de la forêt. Il nous faudra trouver de la nourriture ; sinon, nous ne tiendrons jamais.

– Ça veut dire quoi : « trouver de la nourriture » ? demande Adrien.

– Ça veut dire voler, forcément. On n'a pas les moyens d'acheter.

– En plus d'être déserteurs, nous allons devenir des voleurs ! ajoute Raoul.

– On n'a pas le choix. Malgré nous, nous allons devenir des hors-la-loi, des hommes dangereux. Peut-être même faudra-t-il obtenir ce qu'on demande par la force !

– Il faudra tuer ?

La question de Goundo nous plonge dans un grand silence.

– J'espère que non, murmuré-je.

– Cette nourriture, on la prendra où ? demande Adrien.

– Dans une maison isolée, une ferme, dis-je dans la foulée.

J'ai passé mon enfance à la campagne. Je sais donc que le matin les fermiers se lèvent tôt et abandonnent très souvent leur demeure pendant plusieurs heures, pour aller travailler dans les champs ou à l'étable. Ainsi donc, la ferme reste vide, mais toujours en vue des habitants qui œuvrent non loin.

L'idée est tout de suite acceptée. Dès que le jour sera levé, nous marcherons jusqu'à la lisière des bois, nous chercherons une ferme, et pénétrerons à l'intérieur sans être vus. Avec un peu de chance, nous reviendrons avec des provisions. Le plan est simple, du moins en théorie.

Pour nous tous, cette première nuit passée dans la forêt constitue une épreuve de souffrance physique et de torture mentale. Chacun est gelé, ne peut parler, et ce ne sont sûrement pas quelques mousses mâchées qui vont nous empêcher d'éprouver la faim et la soif.

Nous sommes affaiblis, à bout de force et de nerfs, mais nous attendons déjà avec impatience les premières lueurs du jour. Nous allons donc connaître notre première tentative de survie, notre première vraie aventure de déserteurs.

20

AVEC L'ARRIVÉE DE LA NUIT, le froid s'abat sur nous en quelques instants. Même en nous emmitouflant dans nos capotes, nous nous sentons condamnés à geler sur place.

Nous avons retrouvé la liberté, certes, mais nous en sommes presque à envier le sort de nos compagnons restés dans la tranchée.

J'ai souvent pensé – et je le pense encore – que la guerre est une torture qui ne cessera jamais, et qu'à cette heure, les morts sont les plus fortunés d'entre nous.

Par chance, la nuit est moins froide que la précédente. Néanmoins, pour tenir, nous sommes allongés au pied d'un arbre, serrés les uns contre les autres.

– Vous pensez qu'ils nous cherchent ? demande soudain Adrien.

– L'assaut a été un tel carnage qu'ils doivent nous croire morts au combat. Aujourd'hui, c'est ce qui nous sauve, mais jusqu'à quand ? lui dis-je.

– Si demain on ne mange pas, on est foutus ! ajoute Raoul. C'est une ferme ou rien !

Goundo prend la parole, venant combler le silence de sa voix caverneuse :

– Et si demain ça tourne mal ? Si on nous arrête et qu'on nous livre aux gendarmes ?

– Il faut prendre le risque, répliqué-je. De toute façon, on n'a pas le choix !

La froidure glaciale commence à imprégner peu à peu nos manteaux. Dans le lointain, les bombardements se sont tus. Les éclairs des explosions ont fini de zébrer le ciel. Là-bas, la guerre semble terminée, du moins jusqu'à demain. À la cime des arbres, la lune se découpe à travers les branches. C'est notre première nuit de liberté, notre premier territoire où nous ne sommes plus esclaves, quatre malheureux échappés de cette boucherie innommable. Mais peut-être y en a-t-il d'autres, semblables à nous ? Nous l'ignorons.

Peu à peu, bercés par notre chaleur mutuelle et notre épuisement de tant de combats livrés en vain, nous sentons nos paupières s'abaisser et le sommeil nous gagner.

21

Je suis le premier à ouvrir un œil. Un oiseau chante dans les hauteurs du chêne, juste au-dessus de nous.

Entre les branches, le ciel n'est plus noir, mais seulement gris. Nous avons passé la nuit.

Je me tiens à l'extrémité du groupe, la tête de Raoul reposant contre mon épaule. Je la dégage doucement et étire mes jambes. Mes membres sont engourdis, mes muscles paralysés par la douleur.

Alors, je me lève doucement et regarde mes trois compagnons : ils dorment encore. Je fais quelques pas, écrasant les feuilles gorgées de l'eau de la nuit.

Au loin, le canon reste muet. Pour nous, étrangement, la guerre est terminée. Pourtant, au fond de moi, je sais que ces moments de bonheur, de soulagement, sont aussi des moments de doute, d'angoisse terrible qui peuvent nous étreindre d'un instant à l'autre.

Seul, j'arpente cette forêt silencieuse, meurtrie, où bon nombre d'arbres ont des branches sectionnées par des obus. Une odeur de poudre se mêle aux fragrances de l'aube.

Je n'ai sans doute pas éprouvé un tel sentiment de liberté depuis l'enfance, lorsque je bravais les interdits avec inconscience et courage.

Ivre de mes mouvements et de mes pas, je progresse entre les arbres. J'entends des voix derrière moi. Je comprends aussitôt que mes compagnons viennent de s'éveiller.

Quelques minutes plus tard, tous les trois sont debout, prêts à se mettre en route.

Les consignes sont claires : nous devons absolument éviter de nous exposer au grand jour, et marcher impérativement à la lisière de la forêt. En veillant à avancer masqués par les premiers arbres, nous ne pouvons être visibles de très loin.

Nous marchons en colonne, l'un derrière l'autre. Les branches mortes et la terre humide s'enfoncent sous nos semelles. La sacoche en bandoulière, et le fusil sur l'épaule, nous avançons à une allure assez rapide. Nous sommes concentrés et silencieux, parfaitement conscients que notre avenir, ou plutôt notre survie, dépend entièrement de la réussite de ce premier larcin.

Bien que déserteurs, notre état d'esprit est encore celui de vaillants soldats. Nous accomplissons cette mission avec dévouement. Nous savons aussi que la victoire qui se trouve au bout n'est plus celle de la patrie, mais le droit de continuer à vivre.

– Dis-moi, Goundo, tu faisais quoi avant la guerre ? demande brusquement Raoul, qui suit quelques pas derrière.

– J'étais potier.

– Ton père aussi était potier ?

– Oui, mon père aussi, mais mon grand-père et même mon arrière-grand-père étaient déjà potiers.

– Jamais personne n'a voulu faire un autre métier dans ta famille ? demande Raoul.

– Oh, tu sais, l'habitude ! Et puis, tu réfléchis pas vraiment quand tu t'es fait à l'idée que tu serais potier un jour. T'attends juste d'être potier.

– Alors, pourquoi tu t'es engagé ?

– Parce qu'un matin des hommes sont venus dans mon village. Ils nous ont dit que la France, notre mère-patrie, était en danger. Et puis s'engager, c'était porter un bel uniforme et être sûr de manger tous les jours. Mais maintenant, c'est sûr, je regrette mon village.

Dans un mouvement brusque, je heurte de ma main droite le fourreau de ma baïonnette. Alors, une phrase me revient en tête, celle d'Hébrard de Villeneuve, citée dans *L'Écho de Paris* du mois de juillet 1915 : « Mais au moins, les tués à la baïonnette meurent de leur belle mort, dans de nobles combats. Avec l'arme blanche, nous retrouvons la poésie des luttes épiques et chevaleresques ! » Ce Hébrard de Villeneuve doit être bien planqué à l'arrière, tandis que de jeunes types meurent chaque jour sur les champs de bataille.

Entre les branches, nous entrevoyons une maison éclairée par un soleil timide. Nos pas se font plus rapides, mais aussi plus hésitants, comme si à la faim et à la volonté de réussir se mêlait aussi la peur ; et la peur, quand on n'a pas mangé, c'est pire que tout !

Au fur et à mesure que nous marchons, toujours à la lisière des bois, la maison s'agrandit comme un dessin qui prend forme, lorsque l'esquisse fait place au trait appuyé du fusain. C'est maintenant une ferme importante. Par chance, c'est l'arrière de la bâtisse qui s'offre à nous.

Alors, quittant la protection des arbres, nous courons dans les champs pour venir nous coller le long du grand mur gris. Handicapés dans notre course par notre sacoche et le Lebel encombrant, nous sommes devenus de lourds pantins aux gestes guidés par d'invisibles fils.

Le dos plaqué au mur, nous glissons lentement contre la surface rugueuse. Parvenus à l'angle de la maison, notre regard se porte naturellement vers l'horizon : un immense champ vide s'étend à l'infini, et sur la ligne qui sert de frontière entre le ciel et la terre deux silhouettes courbées se détachent, minuscules et figées.

Notre calcul s'avère exact : heureusement pour nous, les mœurs rurales n'ont pas changé depuis notre enfance.

Sans plus attendre, Adrien quitte l'angle arrière et avance vers le devant de la maison. La main puissante de Goundo l'arrête dans son élan :

– Et s'il y a des enfants ?

Ils se regardent, ahuris.

– Si on n'entre pas, on ne saura jamais ! s'entend répondre Adrien, à voix basse.

Alors, dans un élan commun, nous nous engouffrons dans la maison. Nous retenons notre souffle, immobiles et décomposés. Nous avançons lentement dans le vestibule, le fusil pointé vers l'avant, exécutant le moindre de nos mouvements en silence. Raoul applique sa main contre la porte de la salle à manger. Celle-ci pivote sur ses gonds en lançant un grincement dur et sec.

La première chose que nous voyons est une énorme table en bois massif, totalement nue à l'exception d'une coupe garnie de pommes placée en son centre.

Dans une accélération soudaine et commune, nous nous ruons sur les fruits. En un éclair, quatre pommes disparaissent de l'ensemble. Tous les quatre gloussons en avalant des bouchées qui, sans être mâchées, tombent directement de notre bouche dans notre estomac.

Après avoir englouti notre première prise, nous nous regardons : des larmes brillantes coulent sur nos joues décavées. Ce n'est ni la douleur ni la joie, peut-être la peur, ou tout simplement le fait d'avoir mangé.

Je soulève le rideau de la fenêtre : au loin, les deux silhouettes se sont déplacées de quelques dizaines de mètres, mais conservent toujours leur attitude figée, tels deux personnages sortis d'une toile de Millet.

Alors, nos mains se mettent à fouiller partout, ouvrant tiroirs et placards, soulevant à la hâte les couvercles des boîtes. Nos doigts se crochètent pour mieux saisir les biscuits, les fruits secs. Nos sacoches se remplissent à un rythme frénétique : bocaux de conserve, boîtes de viande, pommes de terre, morceaux de sucre, croûtons et tartines de pain rassis. En seulement quelques minutes, nos sacs sont pleins à ras bord. Raoul se dirige déjà vers la porte quand Adrien l'appelle :

– Et l'eau ?

L'autre s'arrête aussitôt. Son regard balaie la pièce.

De l'eau. Dans quoi peut-on bien transporter de l'eau ? Il faut un contenant qui se ferme, un récipient étanche qui permettra de marcher sans perdre une seule goutte du précieux liquide. Casserole : non. Broc : non. Saladier : non. Soudain, Raoul aperçoit deux bocaux vides posés sur une étagère. Alors, il transfère aussitôt le contenu d'une grande bassine d'eau fraîche destinée au lavage des légumes dans les deux bocaux en verre. Il enfonce d'un coup de poing les gros bouchons de liège.

La seconde d'après, nous sommes ressortis de la ferme.

En fuyant vers la forêt, nous nous retournons une seule fois : au loin, les deux silhouettes demeurent toujours dans la même attitude.

Nos cœurs battent si vite et notre joie est si grande que marcher ne nous suffit plus. Durant notre course, les petites branches et les quelques feuilles encore suspendues nous fouettent le visage. Serrant notre butin contre le flanc, nous éclatons de rire en longeant la lisière des bois.

22

LA FAIM SE CALME PEU À PEU jusqu'à disparaître presque totalement, semblable à un animal qu'on étouffe lentement, et qui finit par ne plus bouger du tout. Chacun est allé piocher dans les sacoches pour remplir son estomac le plus vite possible.

Une fois cette frénésie passée, je prends la parole :

– Écoutez, je sais que ce n'est pas drôle de parler de ça maintenant, mais je pense qu'il est nécessaire de se rationner.

Bien que gardant le visage baissé, décomposé par la fatigue, tous approuvent d'un mouvement de tête.

Je poursuis :

– Nous ne savons pas quand nous retrouverons de la nourriture, ni même si nous allons en retrouver. Je crois qu'avec tout ça, nous pouvons tenir au moins une semaine. Pour ce qui est de l'eau, ma foi, nous n'avons presque rien, mais on a fait ce qu'on a pu.

Chacun est d'accord pour faire un effort sur la nourriture. Il faut toujours garder à l'esprit que la forêt constitue une cachette, une sécurité, et que toute sortie représente maintenant un danger.

Nous décidons de nous enfoncer un peu plus dans les bois, de façon à nous éloigner du champ de bataille et des deux tranchées, la nôtre et celle de nos ennemis. Notre nouveau campement s'établit donc plus loin. Les deux sacoches sont déposées contre un tronc d'arbre, avec nos fusils et nos casques.

Nous avons tous sur nous des allumettes, mais la tentation de manger chaud s'efface devant la crainte de se faire repérer par un feu. Comme pour la nuit précédente, nous nous emmitouflons dans nos vareuses, et nous blottissons au pied du tronc.

Cette guerre est devenue la nôtre malgré nous. Elle est comme un virus occupant peu à peu notre corps et notre esprit, comme une entité porteuse de mort et de folie prenant possession de notre organisme. Elle s'impose avec toute sa force, celle d'un mythe qu'on ne cesse de citer et qui prend vie brusquement, qui n'habite plus un cerveau mais qui le guide ; dorénavant, nous ne pourrons plus dissimuler cette violence.

Plus de rival à abattre, plus d'Allemand ; ne subsistent que des hommes tentant désespérément de survivre, de faire mentir les généraux leur promettant un destin plus tragique. Oubliée la phrase lue dans *Le Matin* du 2 février 1917 : « Nos héroïques défenseurs apprendront avec joie qu'ils vont s'élancer contre un ennemi que le genre humain lui-même considère comme une race néfaste et décidément ennemie de toute civilisation. » À n'en pas douter, l'auteur de ces lignes fait partie de ceux de l'arrière.

Déserteur. Je murmure ce mot. C'est la première fois que mes lèvres forment ces trois syllabes. Pourtant, je ne ressens nul sentiment de honte. Je ne me sens pas un héros, loin de là, mais j'ai tout simplement peur, pour moi-même et pour les autres. Car même si toutes les barrières et tous les grades sont tombés, quelque part au fond de moi je me sens encore un peu lieutenant, donc encore responsable.

La situation est irréversible, et ça, je n'arrive pas encore à l'accepter. Je peux prendre le problème dans tous les sens, cet acte nous a définitivement bannis de la société. Ni l'État ni le Peuple n'aiment les déserteurs, et en ce moment, bien planqués à l'arrière, sans doute pas mal de Français n'admettent pas l'idée qu'on puisse avoir peur de mourir.

Déserteur. Ce n'est pas une condamnation qui prendra fin avec l'arrêt des hostilités, mais une répudiation qui se prolongera bien au-delà. Comment regardera-t-on les déserteurs après la guerre ?

Tant de questions se bousculent dans ma tête. Je voudrais les coucher sur le papier, les mettre noir sur blanc, mais le froid m'en empêche, comme il me prive d'écrire à Madeleine. Mes doigts sont gelés, et même si je pouvais écrire je n'ai sur moi ni crayon ni papier. Madeleine et Jean me manquent terriblement. Où sont-ils à cette heure ? Que font-ils ? Ils ont sans doute déjà dîné… Jean est-il dans son lit, bien au chaud ? Dort-il ? Et Madeleine, pense-t-elle à moi le soir avant de s'endormir ? Me voit-elle dans ses rêves ?

Alors, je remonte mon col dans mes cheveux et respire très fort avant d'abaisser les paupières. Un bruit me les fait rouvrir aussitôt, un bruit sec à quelques mètres de moi, en direction de la plaine.

Mes yeux parcourent l'étendue d'arbres. Je m'appuie sur un coude. À côté de moi, les trois autres dorment.

J'abaisse mon coude, fais passer ma langue sur mes lèvres, et tente de me persuader que ce bruit est naturel.

À peine viens-je de faire reposer ma nuque contre la base du tronc que je perçois un second craquement, comme une branche morte écrasée par une lourde botte. Prenant appui sur ma paume, je relève aussitôt le buste. De toutes mes forces, je m'oblige à écarquiller les yeux, mais le décor est toujours semblable : les arbres droits et immobiles, telles des allumettes plantées dans la terre, n'ont pas changé de place. Pourtant, là-bas, devant moi, quelque chose est en train de bouger. Un animal ? C'est alors que j'aperçois… le sommet d'un casque.

Lentement, ma main sort de la poche de ma vareuse et s'approche de la crosse du Lebel. Mes doigts gourds glissent sur le bois. L'extrémité de mon index butte contre la gâchette. Je stoppe mon mouvement. Tout doucement, je dégage la main gauche du large manteau. Je soulève le fusil et pointe le canon en direction du taillis que j'ai vu bouger.

– Qui est là ? m'efforcé-je de marmonner.

Le buisson reste immobile.

– Qui est là ? répété-je en articulant davantage.

À côté de moi, Raoul ouvre un œil et tourne la tête dans la direction que désigne le canon de mon fusil. Encore endormi et ébouriffé, je me redresse pour m'adosser contre l'écorce.

Derrière le fourré apparaît un visage menu aux lunettes cerclées de fer, abritées sous un casque.

– Ne tirez pas !

L'homme sort de sa cachette en levant les bras. Il jette son fusil devant nous, à présent tous réveillés.

– Qu'est-ce que tu fais ici ? D'où viens-tu ? demandé-je.

Le soldat reste debout, les mains derrière la nuque.

– Je suis là depuis la nuit dernière.

– Tu veux dire que tu as passé toute la journée planqué dans ce buisson ?

– Je voulais être sûr que vous aussi vous aviez quitté le champ de bataille. J'ai fui hier après-midi. Et vous ?

– Le matin, précise Goundo. Moi, j'étais dans la première vague, celle des « sacrifiés ».

– On est tous des sacrifiés ! répond le garçon.

– Comment tu t'appelles ? demande Adrien.

– Davranche. Philippe Davranche.

– Davranche... Davranche... se répète Adrien. Ce n'est pas toi par hasard qui écrivait dans *La Bataille syndicaliste* et *Ce qu'il faut dire* ?

– Exact ! réplique le soldat, en nettoyant une seconde fois les verres de ses lunettes.

– Tu es un anarchiste, alors ? demandé-je.

– Oui, comme vous dites, un anarchiste !

– « À bas la guerre, mort aux responsables ! », c'est toi ?

– Oui.

– Ça a eu son petit succès.

– C'était fait pour, répond sèchement le nouveau déserteur.

– Tu veux manger ? propose Goundo.

– C'est pas de refus, dit Philippe en lançant son premier sourire. J'ai vu que vous aviez un filet à provisions bien garni !

Il se jette sur une pomme qu'il engloutit en quelques bouchées.

Tous les quatre nous nous lançons des œillades.

L'arrivée de ce nouveau déserteur vient bousculer nos plans, à commencer par la nourriture. C'est un anarchiste, et un anarchiste fait toujours peur. On se méfie de ses idées, et en même temps on l'admire pour la foi avec laquelle il les exprime, les défend. Anarchiste, jamais ce mot n'a pris autant d'ampleur qu'aujourd'hui. « La guerre à la guerre », « Le droit au repos », « Le droit aux permissions » ; ils ont été les premiers à crier ces formules qu'on répète à présent dans toutes les tranchées. Les anarchistes sont peu nombreux, mais ils forment un noyau fort et influent. Leurs idées sont claires, leurs slogans brefs. Ils savent convaincre.

Philippe s'est jeté sur un gros morceau de pain qu'il engouffre à grandes bouchées. Je lui saisis le bras et lui prends le pain des mains. Les joues gonflées, il me regarde, hébété.

– Ça doit nous faire une semaine ! Et maintenant, on est cinq !

Le garçon ferme les yeux et acquiesce d'un mouvement de tête. Il s'essuie les lèvres avec le dos de sa main et remonte le col de sa vareuse.

– Qu'est-ce que tu faisais avant la guerre ? lui demandé-je.

– J'écrivais dans *Ce qu'il faut dire*.

– Et tu en vivais ?

– Non, on vit difficilement du seul métier de journaliste, du moins au début. J'étais instituteur à Paris.

– Vu tes opinions politiques, tu n'as pas eu de problèmes pour travailler dans l'enseignement ? se risque Raoul.

– Des tas de problèmes, tu veux dire ! Nous, les anarchistes, nous n'admettons pas les compromis. Certains disent : « On ne veut plus se battre quand nos camarades gagnent vingt francs par jour dans les usines de guerre » ; nous, nous disons : « Nous ne voulons plus nous battre du tout, à aucune condition ! » D'autres disent : « Se préparer à l'attaque, c'est envisager la possibilité de la mort », ils expliquent : « On accepte l'idée délibérément, mais voir reculer l'échéance une fois, puis deux, puis trois démoralise les plus braves et les mieux trempés ! » Nous, les anarchistes, on ne veut surtout pas se préparer à l'attaque. On ne veut même pas envisager la possibilité de la mort ! Penser à ça, c'est avoir déjà perdu. Pour nous, une question aussi grave que la guerre doit être rejetée en bloc. Il ne peut y avoir de demi-mesure. On n'accepte pas la vie en sursis. On exige la vie tout court. Bien sûr que j'ai eu des problèmes ! Comment voulais-tu que moi, j'enseigne aux enfants qu'un gentil garçon est un brave soldat vêtu d'un uniforme, prêt à donner sa vie pour la patrie !

J'éprouve pour ce jeune homme un sentiment étrange. Je ne partage pas ses idées, et pourtant, venant de lui, il me semble que je pourrais facilement les accepter, sans compromis aucun.

– Tu n'as pas essayé de te faire réformer ? demande Raoul.

– Tu parles si j'ai essayé ! Le plus terrible, c'est qu'au début ils m'avaient exempté. Je suis tachycardiaque…

– Tachy quoi ? l'interrompt Goundo.

– Tachycardiaque. Ce qui signifie pour résumer que mon cœur bat plus vite que la normale, ce qui théoriquement me dispense de tout effort physique, principalement la course !

– Et alors, pourquoi t'es là ? poursuit Goundo.

– Parce qu'à cause de ce Dalbiez, et de la loi qu'il a fait voter, on est revenu chercher les exemptés et les réformés pour les conduire au front ! Il n'y a guère que les hommes troncs qui ont échappé à cette mesure. Et encore, on les aurait bien pris pour les mettre à l'arrière !

– Pourquoi t'as attendu trois ans pour te tirer ? lui lance Adrien.

– J'ai fait comme vous, j'ai attendu que cette guerre s'arrête à un moment ou un autre, et je me suis rendu compte qu'elle ne s'arrêterait jamais. Je crois que j'ai moins peur de mourir face à un peloton d'exécution que pendant une attaque.

– Il y a longtemps que tu es anarchiste ? demande Adrien.

– Depuis le jour où j'ai compris que la guerre dépassait en atrocités la peste et la famine réunies, et que tenir un fusil représentait pour moi l'insulte suprême qu'on pouvait faire à la race des hommes. Ma mère m'a toujours répété que la guerre était la pire des choses ; maintenant, je sais qu'elle avait raison !

23

DÈS LES PREMIÈRES LUEURS DU JOUR, la question du ravitaillement vient se poser d'elle-même. Pour ce qui est de l'eau, un bocal est déjà vide, et le deuxième ne contient plus que la moitié. Quant à la réserve de gâteaux, elle s'épuise très vite. Les fruits viennent à manquer. Une nouvelle opération, semblable à la première, doit donc être mise sur pied très vite.

Malgré la peur, chacun est volontaire. Même Philippe, l'anarchiste, qui ne connaît les autres que depuis quelques heures, s'est proposé pour participer à la future expédition. Son geste a contribué à le faire accepter un peu plus de ceux qui l'ont accueilli.

Désormais, nous sommes cinq, et j'estime que nous sommes trop nombreux pour nous lancer dans une nouvelle mission. C'est trop risqué. Il faut nous séparer. Finalement, comme tout le monde est prêt à mettre sa vie en péril pour deux ou trois biscuits, on tire à la courte paille. Goundo et moi allons constituer la nouvelle équipe.

Nous n'avons aucun plan précis, mis à part le fait que nous devons trouver une ferme différente de celle de la dernière fois.

Nous devons partir immédiatement, de façon à entrer au moment où les propriétaires travailleront aux champs. Adrien, Raoul et Philippe vont rester sur place et nous attendre. Ils viennent nous saluer et nous encourager.

Nous quittons le groupe de bonne heure, et comme pour la dernière fois nous nous mettons à longer la lisière des bois, mais dans le sens inverse duquel nous sommes partis pour notre première expédition.

Pour ne pas nous gêner, nous avançons l'un derrière l'autre. Goundo me précède, ouvrant le passage et me prévenant des branches traîtresses situées en travers de celui-ci. Régulièrement, nous inversons et je passe devant Goundo.

Alors que nous progressons, je demande à mon coéquipier :

– Dis-moi, pourquoi ils t'ont rapatrié avec nous ?

– J'ai reçu une balle au cours d'une attaque, elle m'a traversé la cuisse. Ils m'ont soigné près d'Arras. Comme mon régiment était parti, au lieu de m'envoyer là où il se trouvait, ils m'ont placé dans l'hôpital le plus proche.

– Dans ton premier régiment, vous étiez tous sénégalais ?

– Oui, et ils nous envoyaient en première ligne, en nous disant qu'on était les plus glorieux. Mais le plus terrible pour nous, c'était le froid. Parfois, nos jambes et nos pieds étaient tellement gonflés par les engelures qu'on montait à l'assaut sans chaussures.

– Sans chaussures… murmuré-je en écartant une branche.

Alors qu'il ouvre notre piste avec vigilance, Goundo continue :

– Une fois, on n'a même pas mangé, ni bu de soupe et de café pendant deux jours. Ils avaient plus rien à nous donner, et comme nos armes étaient bouchées par la boue, on a dû attaquer uniquement à la baïonnette. Les Allemands nous fauchaient comme les blés. Non content de ça, le général qui commandait notre régiment a fait ouvrir le feu sur nous pour qu'on avance plus vite ! Ah, le salaud ! Mais je te dis, le plus terrible, c'est le froid. Certains jours, j'ai l'impression que je pourrais couper mes doigts avec la baïonnette et que je ne sentirais rien, un peu comme si je devenais moi-même un bloc de glace.

Les champs n'en finissent pas d'apparaître. L'un s'efface, et le suivant lui succède. Notre démarche devient plus lourde, plus hésitante. Tantôt sur l'épaule, tantôt à bout de bras, nos fusils pèsent toujours un peu plus.

Cela fait presque une heure que nous marchons. Nous ne parlons plus, comme si la fatigue ne s'emparait plus seulement de nos membres, mais aussi de nos esprits. Formuler une phrase suivie et ordonnée s'avère difficile. Malgré tout, nous continuons. Il faut trouver. Il faut manger. Garder en mémoire la volonté de se nourrir est essentiel, et conserver ce réflexe signifie notre unique salut. En mangeant, nous pourrons toujours penser éviter le froid et nous endormir sans avoir peur de ne jamais nous réveiller. Pris individuellement, chaque pas est dérisoire, mais représente une victoire de plus pour la survie.

Le chemin que nous avons emprunté cesse brusquement de monter. Nous nous trouvons au sommet de la pente. Guidés par un rayon de lumière aussi puissant et précis qu'un éclairage électrique, nous sortons de la lisière des bois. Devant nous s'étend une prairie entière.

À notre droite, au pied d'une colline, tel un décalque sur son support de papier, une fumée s'imprime sur le ciel gris. Celle-ci sort d'une cheminée de briques surmontant une maison. Nous échangeons un sourire, nos pupilles fixent le lointain : des silhouettes travaillent dans les champs. Rejetant nos sacoches dans le dos, et dissimulant nos fusils sous nos vareuses, nous descendons la colline.

Selon la stratégie employée pour la précédente opération, nous arrivons derrière la ferme. Celle-ci est beaucoup moins grande que la première. Sur la gauche, un hangar au toit de bois tranche avec les tons grisâtres ; c'est certainement une étable.

Nous longeons le mur jusqu'au premier angle. Là, nous nous arrêtons et observons l'horizon afin de savoir si personne ne nous a vus. Nous poursuivons jusqu'au deuxième angle. Je me penche un peu : la porte d'entrée est fermée. Je reviens sur mes pas et fixe Goundo.

– Ils ont l'air d'être sortis travailler. Pourtant, il y a de la fumée, fais-je remarquer.

– Ils peuvent chauffer la maison même quand ils ne sont pas là ! répond Goundo.

– Tu crois ?

– J'en sais rien, reprend-il, mais on a marché deux heures pour venir ici. On n'a pas le droit de ne pas essayer !

Un silence suit les paroles de Goundo. Je lui donne une tape sur l'épaule :

– T'as raison, dis-je en esquissant un sourire.

La seconde d'après, nous courons tous deux jusqu'à la porte et entrons dans la maison.

Le vestibule, dont les murs sont recouverts d'une peinture ocre, mate et humide, abrite une chaude odeur de potée. Nous retenons notre souffle pour ne pas faire de bruit, nous appuyant le dos contre le granit de l'entrée. Le fumet de choux et de carottes torture nos narines. Notre gorge nous fait mal, notre vue se brouille. La faim, la soif, le froid, la peur, la fatigue, toutes ces sensations nous ont épuisés.

Nous sommes paralysés, n'osant ni faire un geste ni émettre un son ; et pourtant, il faut bien qu'à un moment ou un autre nous nous décidions à agir, à passer dans cette pièce d'où sort cette odeur. Je bloque ma respiration et me glisse progressivement vers la porte de ce qui semble être la cuisine.

Une table sur laquelle sont disposés six couverts apparaît brusquement.

Dans un coin de la pièce, au-dessus d'un poêle noirci, des volutes blanches parfumées au chou s'échappent avec grâce d'un grand faitout.

Goundo et moi nous tenons sur le pas de la porte, immobiles, les yeux mi-clos et la bouche ouverte. Nos chevilles, serrées par les bandes molletières, pèsent des tonnes.

– C'est peut-être pas ce qu'il faut prendre en premier, dit Goundo, les yeux rivés sur la marmite.

– Je crois aussi, murmuré-je sans le regarder.

La même pensée nous ayant traversés, nous

ouvrons placards et tiroirs à un rythme frénétique. Nos mouvements se succèdent à une cadence rapide et régulière. Nos sacoches se remplissent aussi vite qu'un arrosoir placé sous une pompe à eau. La peur rend nos gestes terriblement imprécis. Dans un coin de la pièce, posé à même le sol, un casier à bouteilles vides coiffées chacune d'un bouchon de liège permettra le transport de l'eau plus facilement.

Tout semble concorder harmonieusement pour que ce second forfait se réalise. Chaque détail, tel petit morceau de sucre caché derrière un vase, tel biscuit oublié sur la nappe, prend une dimension providentielle. Une sorte de frénésie nous transporte. Nos doigts fouillent partout, tirent, poussent, tournent, deviennent des entités possédant une vie propre. Ce ne sont plus nos yeux qui nous guident, mais nos mains. Nous sommes soudain fatigués d'avoir trop cherché, le rythme retombe. Il n'y a plus rien à prendre dans cette maison. Je fais volte-face vers la porte donnant sur le vestibule.

Un fusil est pointé dans notre direction.

Mes yeux remontent vers le canon, vers l'index posé sur la gâchette, puis vers la crosse, pour rencontrer enfin le visage qui me fixe.

Une femme d'une cinquantaine d'années me tient en joue. Ses cheveux grisonnants, emmêlés, tombent sur ses épaules. Elle porte une blouse à grands carreaux aux teintes délavées.

Goundo et moi levons lentement les mains, faisant retomber négligemment nos sacoches sur le côté.

Bien que ne sachant pas vraiment ce que je vais dire, je me risque à parler. Le vol est quelque chose de condamnable, aucun motif ne pourrait l'excuser, et surtout pas celui de la désertion.

– Écoutez, nous allons tout reposer, tout replacer là où ça se trouvait...

– J'y compte bien ! interrompt la femme, n'abaissant pas pour autant le canon de son fusil.

– Nous mourons de faim ! dit Goundo.

– Vous n'allez pas me dire que c'est pour deux, réplique-t-elle en jetant un regard à nos sacoches.

Un nouveau silence vient s'accrocher à ses mots.

– Non, avoué-je en relevant la tête, nous ne sommes pas que deux ! Il y en a trois autres dans la forêt, ils ont faim ; nous sommes désolés d'avoir à agir comme ça, mais... refuserez-vous d'aider la patrie ?

– La patrie ? reprend-elle, vous n'êtes pas plutôt des pillards ? Des déserteurs ?

Le canon de son fusil s'incline lentement contre sa jambe.

–... Si, si... vous êtes des déserteurs, murmure-t-elle en relevant l'arme, les vrais soldats n'agissent pas ainsi !

– Que savez-vous des vrais soldats, répliqué-je, de ceux qui meurent chaque jour par milliers dans les plaines de votre région, de ceux qu'on entasse dans les tranchées en les envoyant à la mort, paralysés par la peur, la faim et le froid !

Il y a un long moment de vide, d'arrêt incontrôlable, de ces instants qu'on ne peut prévoir, ni dissimuler. Seul le frémissement de la potée dans son faitout offre un bruit à cette absence soudaine.

– Je sais, chuchote la femme avant de laisser tomber son fusil sur le sol.

Puis, elle dégage un tabouret de dessous la table et se laisse tomber brutalement sur celui-ci. Ses yeux fixent une assiette vide. Elle est anéantie.

Nous nous approchons d'elle. Goundo pose sa main droite sur l'épaule de la femme.

– La guerre est dure pour tout le monde, madame. Chaque famille est en droit de porter le deuil. Mais voyez-vous, on ne nous nourrit pas, et on voudrait que nous fassions la guerre.

Elle relève la tête et regarde Goundo. Ses pommettes brillent de larmes.

– Je n'ai plus de nouvelles de mon fils et de mon mari depuis presque un mois. Ils s'appellent Étienne et Firmin… Étienne et Firmin Dubourg, peut-être les connaissez-vous ? articule-t-elle en pleurant.

Je sors moi aussi un tabouret de dessous la table, et m'assois à ses côtés.

– Vous savez, il y a beaucoup d'hommes en ce moment, là-bas, dans les tranchées. On ne peut pas tous les connaître.

Elle tente d'esquisser un sourire, mais il ne vient pas. Alors, elle repousse l'assiette devant elle, où quelques larmes luisent sur la porcelaine blanche.

– Je vais vous donner à manger, dit-elle en prenant une assiette sur la table et en se dirigeant vers la marmite.

– Non, dis-je en retenant son bras. Nous n'avons pas le temps de manger ici ! Donnez-nous seulement quelques provisions !

Elle saisit les deux sacoches déjà pleines, ajoute quelques bocaux et du pain, et les pousse jusqu'au rebord de la table, dans notre direction.

– Prenez-les et partez !

Goundo pose doucement ses paumes sur le tissu et laisse filer ses doigts sur la lanière de toile. Puis, il prend une sacoche, la passe par-dessus son épaule, et me tend l'autre. Je le regarde, hésite quelques secondes, et finalement prends la musette.

Lorsque nous remontons en courant vers la forêt, serrant contre nous l'objet de notre quête, nous nous disons que la vie ne tient vraiment qu'à peu de choses.

24

– Mâchez bien avant d'avaler, parce que cette fois-ci on a bien failli y rester ! lâche Goundo en sortant les victuailles de sa sacoche.

Nous expliquons aux autres ce qui est arrivé. Chacun comprend très vite que la situation est devenue complexe, trop pour continuer de cette manière.

– Nous sommes beaucoup trop près de la tranchée, fait remarquer Adrien.

– Comment, beaucoup trop près de la tranchée, après tout ce chemin parcouru ? rétorque Raoul.

– Oui, même à une journée de marche des premières bombes, c'est encore insuffisant. Et surtout, nous sommes beaucoup trop exposés au fait de voir arriver d'autres soldats ; nous ne pouvons pas nous permettre d'être plus nombreux que cinq !

– Dites tout de suite que je suis indésirable ! Je devrais peut-être aller jouer au déserteur un peu plus loin, seul dans mon coin, pour ne pas vous déranger ! s'emporte Philippe.

– Mais non, c'est pas ça, mais c'est vrai : cinq, c'est un maximum, réplique Adrien. On va finir par se faire repérer…

– Dans ce cas, quittons cet endroit la nuit prochaine ! lancé-je brusquement.

Tous les regards convergent vers moi en un même mouvement. Je continue :

– Nous nous sommes leurrés dès le début. Ce n'est pas une cachette, ici, c'est un piège… à mi-chemin entre la forêt et la plaine. C'est même étonnant que nous n'ayons pas encore rencontré une seule patrouille.

– Mais il n'y a pas eu de nouvelle attaque, pas d'échange de tirs, je ne vois pas pourquoi tu t'inquiètes à ce point ! lance Raoul.

– C'est trop risqué, et puis, étant donné qu'il faut changer de ferme à chaque fois, nous allons devoir faire des trajets de plus en plus longs, sans savoir à l'avance dans quel coin nous allons tomber.

Philippe ôte ses lunettes, fait glisser son mouchoir sur les verres, et me fixe :

– Et quand on sera sortis de la forêt, on ira où ?

Les trois autres visages se tournent à nouveau vers moi.

– En ville ! laissé-je tomber sans hésitation aucune.

Ils se regardent tour à tour.

– En ville ? Mais tu es devenu fou ! explose Philippe. Ici, c'est trop dangereux, et tu veux qu'on aille en ville ?

L'anarchiste reprend la parole quelques secondes plus tard, encore plus véhément qu'il ne l'a été jusqu'ici :

– Et puis y en a marre que ce soit toujours toi qui prennes les décisions, toujours toi qui choisisses où nous devons aller, ce que nous devons faire ! Oublie une bonne fois pour toutes que tu es un soldat ; maintenant, tu n'es plus rien du tout !

Calme et immobile, j'attends qu'il ait terminé de déverser son flot de reproches.

– C'est tout à fait vrai, dis-je, je ne suis plus lieutenant, je ne suis plus rien du tout, mais à chaque fois qu'une décision a été prise, je n'étais pas seul à la prendre. Chacun a pu donner son avis ; il a été écouté et pris en considération par tous ! Alors, si tu as une proposition à faire, demande aux autres ce qu'ils en pensent.

À présent, tous fixent Philippe et attendent ses suggestions.

– Moi, je pense au contraire qu'il faut rester là, à l'abri... Alors, qu'est-ce que vous en dites ? interroge-t-il en balayant les autres du regard.

Pas un visage ne décolle du sol.

– Alors ? réitère Philippe, en ramenant ses jambes et en les encerclant de ses bras, vous n'écoutez que lui, hein, c'est votre Bon Dieu...

Ils gardent toujours la tête baissée. Dans la même attitude, Raoul prend la parole :

– Je crois que Gabriel devrait nous expliquer ce que nous deviendrons une fois en ville.

– Eh bien, je me demande depuis tout à l'heure si, au lieu de nous cacher, nous ne devrions pas plutôt nous montrer.

– Nous montrer ? Comment ? demande Raoul.

– Si nous exploitions la situation ? Si brusquement de déserteurs nous nous transformions en patrouille recherchant les déserteurs ? suggéré-je.

– Ça ne marchera jamais, dit Adrien en remuant la tête ; si nous rencontrons des gendarmes ou des gradés, nous serons obligés de décliner notre identité.

– C'est le seul risque, en effet, mais réfléchissez une seconde : tous les soldats sont rassemblés sur le front, tous actuellement se trouvent dans les tranchées ; en fait, le danger est beaucoup plus limité que ça ! À cinq, nous sommes beaucoup plus crédibles qu'à deux, nous formons une vraie patrouille ! Personne n'ira vérifier si nous avons déserté. Il suffira seulement d'avoir l'air patriote.

– C'est comment un patriote ? demande Philippe en se croisant les bras.

– Ça aime certaines couleurs et ça croit en certaines valeurs. Essayons au moins de faire semblant !

– Mais nous empestons littéralement ! Nous ne pouvons pas nous permettre d'entrer dans un café en dégageant une odeur de musc vingt mètres à la ronde ! dit Philippe.

– Eh bien, nous trouverons bien un ruisseau avant d'entrer dans un village !

– Et nos vêtements sales et fripés ? ajoute Goundo.

– On nous en voudra pas s'il y a un peu de poussière sur nos bas de pantalons. On ne donne quand même pas de réception dans les tranchées, rétorqué-je. Il sera bien plus important, à mon avis, de faire attention à ce que chacun pourra dire.

– Il faudra continuer à voler ? demande brusquement Adrien.

– Peut-être, mais on pourra toujours manger avec l'argent qu'il nous reste, et je suis certain que pas mal de gens nous donneront des provisions. Après tout, nous sommes un peu leurs sauveurs.

– Et on partira quand ? s'inquiète Raoul.

Philippe, qui vient d'avoir un long bâillement, propose :

– Attendons que nos provisions soient réduites de moitié.

Chacun acquiesce de la tête. On règle les questions pratiques, et on se met dans sa position de repos « favorite ». On abandonnera cet endroit dans deux jours, dès que la nuit sera tombée, et on marchera en descendant la colline jusqu'à un ruisseau, ou un lavoir à l'entrée d'un village.

Tout s'est décidé très vite, comme se décident les choix importants. On hésite, et brusquement, en quelques secondes, telle ou telle solution nous apparaît comme la seule qu'il faille prendre. Elle s'impose à nous avec évidence.

Nous avons choisi : les autres continueront à obéir et à mourir, à fixer leurs baïonnettes, à graisser leurs Lebel, mais nous, nous venons de décréter l'arrêt des hostilités. Nous en avons trop vu. Nous avons trop souffert, avons eu trop faim et froid, et pas assez à manger. Aujourd'hui, nous nous sommes révoltés contre la bêtise de quelques-uns et la crédulité du plus grand nombre. Pour nous, l'abattoir s'est mis en grève. Il a fermé ses portes à la minute même où nous avons pénétré dans cette forêt.

Nous venons de signer notre armistice.

25

Les deux jours suivants sont parmi les meilleurs que chacun aura connus depuis bien longtemps. Au doute et à la peur succède une période d'euphorie et d'excitation, mais surtout un grand espoir de survivre à cette guerre que nous n'entendons ni ne voyons plus, mais qui continue néanmoins, loin de nous, à réclamer son quota journalier de morts.

Pour tenir, nous tentons de nous persuader qu'au fond notre nouvelle vie est plutôt enviable, et que bien des soldats donneraient tout pour se trouver à nos côtés, mais la lucidité revient vite, et alors nous nous rendons à l'évidence que cette vie-là se paye cher. En fuyant le champ de bataille, peut-être avons-nous oublié de nous acheter une bonne conscience.

Un soir, Philippe s'approche d'Adrien, adossé contre un arbre et serré dans sa vareuse. Celui-ci égrène son petit chapelet où chaque perle de bois est séparée par une minuscule bille de métal ; ses lèvres ne cessent de s'agiter, comme prises d'un tremblement.

– Toi aussi, tu crois à toutes ces conneries ? dit Philippe, en s'asseyant contre le tronc.

– Ce ne sont pas des conneries, c'est ma religion.

Adrien ne quitte pas son chapelet des yeux. Il fait glisser son pouce et son index sur les grains noirs, tel un marchand chinois qui pousse les unités de son boulier.

– J'ai arrêté de croire en Dieu à cinq ans ! continue Philippe.

– Je ne te demande pas de croire en Dieu, alors ne me demande pas de vénérer l'anarchie.

– Comment peux-tu adorer un être au nom duquel on a massacré et torturé ?

– Jésus n'y est pour rien si on a tué en son nom, et si bon nombre d'hommes ont mal interprété son discours.

– Tu es comme les prêtres, tu as réponse à tout. Et les protestants de la Saint-Barthélemy ?

– Et les passants innocents qui ont sauté avec les bombes de Ravachol, qu'est-ce que t'en fais ? s'emporte Adrien en replaçant son chapelet dans la poche de son pantalon.

Philippe baisse le regard, frotte ses mains contre sa capote, puis reprend, la colère suspendue aux lèvres :

– La liberté n'est pas gratuite !

– La religion non plus ! répond Adrien.

– Ça, je sais. Non seulement elle réclame beaucoup de morts, mais aussi beaucoup d'argent !

– Si tu es venu pour m'empêcher de prier, c'est réussi !

– La religion me dégoûte. Elle est totalitaire, elle oblige les êtres humains à adorer un seul dieu, elle ne laisse même pas le choix. C'est la pire des monstruosités. Elle ne repose que sur la crédulité des gens, sur leur ignorance…

– Pas sur leur ignorance, sur leur foi ! interrompt Adrien.

– Pour moi, croire, c'est être lâche ! Le patriotisme est l'ultime refuge « de la canaille », disait Samuel Johnson, eh bien moi, je pense que la religion est l'ultime refuge des faibles, des sans-ambition, de ceux qui n'ont aucun idéal. Ta religion, c'est une religion de moutons ! Avoir des œillères et obéir, c'est tout ce qu'il te demande, ton Dieu ; mais penser, réfléchir, t'exprimer, ça, c'est autre chose. Il te l'interdit ! Les plus grands massacres, les procès d'Inquisition truqués, les tortures : ta religion a du sang sur les mains ! Ton Dieu a même été jusqu'à tuer son fils ! Ton Dieu, je lui pisse dessus !

Adrien se retourne brusquement, saisit Philippe par le cou et le renverse. L'autre se débat. Ils roulent ensemble, tels deux insectes se livrant une danse mortelle. Les doigts fouillent le visage de l'autre et le griffent, comme un rapace enferme dans ses serres un rongeur.

Adrien lui crache au visage. De la manche épaisse de sa capote, Philippe essuie la salive qui barbouille ses lèvres, puis plante ses ongles noirs et terreux dans les joues de son adversaire ; il tire très fort : huit rayures rouges apparaissent à la surface de la peau brune. Dans ce duo de violence, les souffles rauques des deux hommes se mêlent, entrecoupés de gloussements et d'inspirations saccadées.

Goundo, qui se tient le plus près du « lieu de combat », laisse tomber le croûton de pain qu'il a commencé à grignoter et se jette sans hésiter sur les deux silhouettes.

– Arrêtez, mais arrêtez, bon sang !

Les bras tendus et les épaules contractées, il s'efforce de maintenir écartés les deux corps. Adrien et Philippe s'arrêtent, épuisés, les muscles fatigués et la tête vide.

– C'est pour quelle connerie que vous vous battez ?

– La religion, marmonne Adrien entre deux respirations.

– La religion ?... Nom de Dieu ! dit Goundo, les yeux écarquillés.

La fin de la soirée est calme et silencieuse. Chacun veille très tard, nerveux et anxieux à l'idée de quitter la forêt.

Ne pas écrire à Madeleine me manque, comme de la serrer très fort dans mes bras, jusqu'à l'étouffer sous mes baisers. Ne pas toucher la peau douce de mon petit Jean me ronge.

Pour la plupart d'entre nous, le sommeil ne survient qu'aux premières lueurs du jour.

26

Le lendemain, nous mettons au point les derniers préparatifs avant notre départ. Nous abandonnerons cet endroit à la tombée du soir. Pour tous, il vaut mieux entreprendre cette grande marche de nuit. L'objectif premier est un ruisseau, le second un village. De militaire, nous n'avons conservé que l'organisation.

À la mi-journée, le soleil perce la forêt juste à la verticale, comme une cascade de lumière tombant d'on ne sait où, inondant nos cinq visages. Nous mangeons précautionneusement quelques biscuits séchés accompagnés d'un quartier de pomme. Nous avons beau nous dire que la nourriture ne manque pas trop, l'estomac commence à tambouriner à la porte de notre bouche.

L'après-midi est calme et triste. Je constate que ma montre, la seule du groupe qui jadis fonctionnait encore, s'est arrêtée à huit heures et vingt minutes. L'arrêt est-il d'aujourd'hui, ou bien d'hier ? Sur le moment, le fait d'avoir négligé ce détail important m'agace quelque peu, puis je me dis que je la remonterai à la pendule municipale du premier village que nous allons rencontrer.

Un coup de feu retentit, puis deux, trois ; bientôt, nous cessons de compter. Nous nous regardons sans comprendre. Aux coups de feu se mêlent des cris, ou plutôt des mots vociférés au milieu des arbres.

Ces mots ne sont pas français.

Dans un mouvement synchronisé, nous nous levons, ramassant au hasard sacoches, casques et fusils, et nous mettons à courir dans la direction opposée d'où proviennent les tirs. Au travers des arbres, nous apercevons en nous retournant des silhouettes grises, vagues et lointaines, qui avancent vers nous.

Le sang monte jusqu'à nos tempes et tape très fort. Nous gardons les yeux mi-clos et la bouche ouverte. Les branches mortes et gelées frappent nos joues comme des lanières de cuir. Les pommettes battues par la mousse et l'écorce, la salive accrochée aux commissures des lèvres, les larmes séchées par le froid et le vent, puisant notre souffle handicapé tout au fond d'une poitrine amaigrie, nous laissons derrière nous notre peur, telle une peau morte, et fuyons vers la vie.

Les coups de feu et les voix se font plus distants, plus inaudibles. Devant nous, la forêt s'éclaircit, les arbres ont troqué leur robe noire pour un costume marron.

Nous marchons longtemps, pendant des heures, traversant des champs déserts, enjambant les barbelés. Nous sommes des collégiens faisant l'école buissonnière, oubliant pour un après-midi l'encre et son odeur salée, les tables de bois où sont gravés les cœurs transpercés d'une flèche, le plumier au couvercle fendu à force d'être tombé. Nous ne sommes plus des soldats, mais une bande de cinq garnements échappés d'une vieille école. Nous n'avons plus peur de mourir, mais de rentrer chez nous et d'affronter le regard des parents, et demain celui du maître. En se roulant dans l'herbe trempée, en jouant au football avec les bouses de vache séchées, chacun accomplit ce miracle extraordinaire, celui de revenir en arrière, de rire pour des bêtises. Pour la première fois depuis que nous avons quitté nos foyers, nous redécouvrons le sens du mot *libre*.

Enfin, nous entendons le bruit de l'eau. Depuis des heures, nous n'avons cessé de passer à travers champs, au début en courant, puis en marchant avec peine à la fin de la journée. L'horizon plat nous donne la sensation d'avoir rapetissés jusqu'à devenir minuscules, et de parcourir de nuit le tapis d'un billard de café.

À l'extrémité d'un champ, une petite rivière, large d'une dizaine de mètres, s'offre subitement à nos yeux.

Nous choisissons une partie de la berge assez dégagée pour y poser nos affaires. Rapidement, les casques, les sacoches, les fusils s'entassent, puis les vareuses, les pantalons, les tricots de peau, les chaussettes, les caleçons : nos cinq corps nus plongent enfin dans l'eau glacée.

Les premières brasses sont douloureuses. Le froid pénètre chaque pore. Nous redécouvrons quelque chose d'inconnu, de vécu et de partagé il y a déjà fort longtemps, dans un autre temps, un temps très ancien, lorsque nous passions plus d'heures à échanger des billes dans la cour de l'école qu'à étudier nos leçons pour le lendemain.

Goundo disparaît sous la surface et remonte des pierres aux formes bizarres. Telle une truite qu'un enfant libère de sa bourriche, Raoul s'amuse à faire des remous autour de lui ; sa nage est saccadée, imprévisible et folle. Les gouttes fraîches jaillissent sur nos torses ; nos épaules scintillent sous la lune. Adrien regarde d'un œil moqueur les vêtements laissés en tas sur le bord de la rivière.

Saisi par le froid, Goundo est le premier à sortir de l'eau. Chacun notre tour, nous courons vers nos vêtements.

Le visage tourné vers le haut, je me sens bien, heureux. Depuis que nous avons quitté la guerre, c'est même la première fois que je me sens ainsi. J'entends mon esprit avide de vagabondages cogner très fort dans ma tête. Des pensées étranges me viennent. J'imagine Jean grandissant à mes côtés.

À mon retour, je l'emmènerai dans une fête foraine. Il se barbouillera la bouche et le menton de sucre glace. Ses joues sentiront la pomme d'amour. Il avancera devant moi parmi les adultes géants, et je réaliserai soudain que ce petit bonhomme à la démarche maladroite et au cœur trop gros pour sa poitrine est le mien.

Mon fils n'aura jamais les cheveux courts, il les gardera longs et blonds ; il prendra seul la décision de les couper un jour. Il ne sera jamais le meilleur de la classe et on le traitera peut-être de fille en cours de gymnastique. Alors, il ne me dira rien et reviendra le soir à la maison, le visage égratigné et des marques autour du cou pour avoir voulu prouver que c'était faux, qu'il était bien un garçon.

Il dessinera comme un dieu et mentira toujours, mais on le verra tout de suite dans son regard.

Mon fils ne portera jamais un uniforme et ne partira jamais à la guerre. Il dira simplement « non, je ne veux pas y aller » à l'officier recruteur qui viendra frapper à sa porte. Il lui dira « non » et l'autre s'en ira sans insister. Et tous les enfants imiteront mon fils. Et la guerre n'existera plus.

Mon petit garçon marchera toujours les poings serrés dans ses poches, un lacet défait et une sucette à la framboise coincée dans la bouche.

Jamais peigné, la chemise passant par-dessus son pantalon, il me lancera certains jours des sourires renversants. Je voudrai passer ma main dans sa tête et lui donner un baiser. Agacé, il se dégagera de mon étreinte pour sortir de la maison et rejoindre ses amis. Et je resterai seul avec Madeleine, morose comme tous les pères de voir leur enfant grandir.

Haut dans le ciel, une étoile me cligne de l'œil. Je baisse les paupières et repose ma nuque sur la terre molle.

Déjà, le sommeil m'envahit, et le visage de Jean disparaît derrière un rideau de nuit.

27

NOUS QUITTONS LA RIVIÈRE et marchons encore longtemps.

Nous apercevons, au-dessus de la cime des arbres, se découpant sur le ciel comme une ombre chinoise derrière un drap, une construction en flèche. Elle n'a rien d'un if ni d'un peuplier ; c'est un clocher. Le seul espoir de tous est qu'il ne s'agisse pas d'une chapelle isolée, comme on en rencontre bien souvent en campagne ; mais quand des lumières éparses s'allument peu à peu dans la nuit, au détour des chemins que nous empruntons, nous constatons alors que nous entrons dans ce premier village tant attendu.

En passant devant ce qui doit être la mairie, je sors ma montre à gousset et la règle sur neuf heures et demie. Je suis surpris, car il me semble que la nuit est bien plus avancée que cela, mais après tout, me dis-je, l'obscurité de huit heures vaut bien celle de deux heures du matin.

Nous marchons lentement dans la rue principale. Nos semelles cahotent comme de vieilles charrettes sur les larges pavés disjoints. Nous nous tenons sur le côté droit de la rue. Entre les deux rangées de murs sombres, de grands éclats de voix parsemés de rires s'échappent d'une maison du fond. Surmontant la porte d'entrée, une enseigne de métal éclairée d'une lanterne représente un lutin assis sur un tonneau, affichant un large sourire et tenant une chope à la main.

Raoul, qui se trouve en tête, s'arrête à une vingtaine de mètres de l'auberge, puis se retourne vers nous :

– Il faut entrer maintenant ? demande-t-il d'une voix presque inaudible.

Nous nous regardons, silencieux, dans une attitude raide et figée.

– Maintenant ou plus tard, il faudra bien qu'on se fasse voir à un moment ou un autre, dis-je sur le même ton.

Philippe s'approche des deux hommes, ôte ses lunettes, passe son mouchoir sur les verres et les replace sur son nez ; après son opération habituelle, il ajoute :

– Oui, je pense ça aussi. En plus, il n'y a pas trop de monde à l'intérieur. Si on entre l'air fatigué, épuisé par les combats, il n'y a aucun risque.

– Et s'il y a des gendarmes ou des soldats ? demande Raoul, inquiet.

– On dit ce qu'on a décidé : nous sommes une patrouille recherchant des déserteurs. Avec cet alibi et les bonnes figures qui nous caractérisent, on passe n'importe où, mais surtout pas d'impairs ni de signes de faiblesse, rien que de la fatigue, et le bonheur d'avoir trouvé cette auberge sur notre route !

Chacun se sent brusquement plus fort, davantage prêt à affronter cette nouvelle épreuve. Si nous réussissons, nous passerons partout.

Dans l'obscurité, nous nous composons un visage, un sourire. Il nous faut devenir des militaires endurcis, de ceux qui traquent les déserteurs jusque dans leur moindre cachette.

Je pose la main sur la poignée. Mes doigts gelés s'enroulent fermement autour de la tige de métal blanc. Je pousse la porte et entre. Les autres suivent, quelques pas derrière.

28

– FAITES PAS UNE TÊTE PAREILLE, on n'est pas des ennemis ! lancé-je à toute la salle.

Un tonnerre de rires éclate soudainement du fond de la pièce jusqu'aux premières tables. Des verres glissent sur la surface du comptoir et se remplissent à un rythme mécanique. Des hommes se lèvent – tous les vieillards du village – pour venir serrer les mains des soldats. D'autres se disputent pour offrir une tournée aux militaires. Les rires, les éclats de voix, tout reprend comme avant notre arrivée. Le sourire que nous montrons n'est plus forcé ; nous rions même car nous savons que dès la seconde où la salle a compris ma plaisanterie, nous avons été en sécurité. Les vieux quittent peu à peu leur table et viennent rejoindre notre groupe. Bientôt, toute l'assemblée est réunie autour de nous.

Un vieillard, petit et chauve, vient se placer devant moi :

– Je tiens à saluer les derniers héros de cette débâcle, nos sauveurs ! dit-il d'une voix ferme en se tenant au garde-à-vous.

Je vide mon verre et regarde les autres. Il y a comme une sorte de flottement où nous ne savons quoi répondre.

– Nous ne sommes pas les seuls, monsieur, dis-je d'une voix paisible et lasse ; vous savez, des héros comme nous, il en meurt chaque jour dans les plaines de France… mais j'accepte néanmoins votre salut, ajouté-je en souriant.

Les quatre autres qui se tiennent derrière moi envoient, eux aussi, un sourire au vieil homme.

– Alors, permettez-moi de vous inviter à ma table pour manger quelque chose. Vous devez mourir de faim !

Nous nous observons. Nos yeux brillent.

– Ce n'est pas de refus. C'est vrai, nous mourons de faim ! dis-je après avoir avalé ma salive.

En un rien de temps, on débarrasse une table et on l'accole à celle du vieillard. Cinq assiettes creuses se posent sur une nappe bleu ciel. On trouve cinq chaises sans attendre : regarder nos figures de légende dîner sera sans doute aussi appétissant que si on mangeait soi-même.

Tous les clients empoignent un dossier, et viennent se disposer en cercle autour des deux tables. L'aubergiste en personne, une forte matrone vêtue d'un tablier mauve, apporte la soupière toute brûlante. À la vue de la fumée, nous sentons notre estomac se vider tandis que nos paupières s'ouvrent bien larges.

– Alors ? demande un client.

– Alors quoi ?

– C'est comment, là-bas ?

– Laisse-les manger ! lance le voisin du client en lui administrant un coup de coude.

Les premières cuillerées font mal tant elles sont chaudes, comme du plomb fondu qu'on nous aurait couler dans la gorge. Nous sourions, mais de grosses larmes descendent le long de nos joues. Après la course à travers champs, après la baignade, c'est la soupe de notre jeunesse, cette soupe compacte et salée qu'on verse dans de grandes assiettes creuses. Les enfants aiment déposer à sa surface des morceaux de mie de pain qui s'enfoncent lentement, pareils à des navires sombrant dans l'océan.

Les cuillères se lèvent et s'abaissent dans un mouvement simultané. Les autres nous observent, penchés sur leurs chaises. Une fois engloutie, on nous en reverse une assiette pleine à ras bord, que nous avalons comme la première.

– Eh bien, s'exclame le vieillard, ils ne vous donnent pas à manger dans l'armée !

– C'est tout comme, répond Raoul, la nourriture met un temps infini à arriver sur le front, et en plus on mange toujours la même chose : pommes de terre, pain et jus imbuvable pour faire passer le tout !

– Ça s'est pas amélioré depuis 70, alors ! s'écrie un homme dont la barbe déborde sur le torse.

– Je n'y étais pas en 70, mais je ne crois pas que maintenant ce soit suffisamment bon pour que vous repreniez les armes ! réplique Philippe.

Les vieillards éclatent de rire.

Les cinq hommes échangent un regard malicieux en vidant leurs verres.

Puis, un nouveau silence s'installe : le patron apporte de grosses boulettes de viande à l'oignon accompagnées de pommes de terre. Des noix de beurre fumantes glissent sur celles-ci.

De même que pour la soupe, nous avalons le contenu de notre assiette en un éclair. Quand le plat est vide, nous commençons à reprendre nos esprits.

– Il y a beaucoup de morts, là-bas ? demande un vieil homme assis à côté de Raoul.

– Des morts ? Il n'y a que ça ! répond-il.

– Mais comment ça se passe ? Les attaques ?

Philippe et moi nous regardons furtivement. Nous savons tous que les questions surviendront maintenant, qu'il faut faire très attention à ce que chacun va dire.

– Le plus terrible, c'est l'attente, continué-je en replaçant ma fourchette et mon couteau dans mon assiette, et en la repoussant du bord de la table. On attend des heures, des jours entiers sans que rien ne se passe ; et puis tout à coup, ça éclate, un peu comme un abcès qu'on crève après une longue douleur intolérable. Et quand ça démarre, ça ne s'arrête plus. À droite, à gauche, partout, les soldats ne cessent de tomber. Les cris des blessés, les plaintes des agonisants ; tout ce sang, c'est... Ils sauvent le drapeau comme des lions ! Il faut les voir mourir la baïonnette pointée en avant. Vos fils sont des héros, messieurs !

Je me sers à boire et lève mon verre en direction du vieillard qui nous a invités. Ce dernier remplit son verre, et nous trinquons.

– Et pourquoi vous n'êtes pas au front, vous aussi ? interroge-t-il.

– Nous cherchons les déserteurs, il paraît qu'il y en a dans la région.

– Tu parles qu'il y en a. On trouve toujours des petites saloperies qui essayent de se tirer. J'te fusillerais tout ça, moi ! répond le vieux.

Raoul se sert un verre, qu'il boit aussitôt d'un trait.

– Il vous a semblé en voir dans la région récemment ? demande Philippe en ôtant ses lunettes et en se frottant les yeux.

Un petit homme surmonté d'une casquette marron s'approche brusquement.

– L'autre jour, deux types sont passés dans le village, deux soldats… Ils se sont arrêtés chez le boulanger, ont traîné un peu devant les maisons, ma main à couper que c'était des déserteurs, hein Étienne ? lance-t-il en direction de l'interpellé.

L'Étienne en question est un grand type à la carrure impressionnante. Il approuve d'un mouvement déterminé de la tête, fronçant les sourcils et agitant le menton verticalement, par saccades.

– Il faudrait plus de Taufflieb, lui au moins n'a pas hésité à agir ! renchérit le vieillard.

– Qui est-ce ? demande Goundo.

– Le général Émile Taufflieb. Il commande le 37e. Avec lui, les bataillons n'ont pas intérêt à se révolter !

Philippe se passe la main gauche sur la figure pour la dissimuler un instant. Il ne comprend pas. Ces anciens combattants de 70 n'ont pas dû souffrir beaucoup pour ne pas se souvenir de ce qu'est une guerre.

L'anarchiste sent la tête lui tourner… Tous ces vieux qui les accusent, ces mêmes hommes dont les fils ne reviendront plus jamais les embrasser, semblables aux généraux, comme Réveillac qui a exigé de ses caporaux du 336e qu'ils aillent couper en plein jour les barbelés de la tranchée allemande, et les a envoyés au peloton d'exécution pour ne pas avoir réussi à franchir les lignes ennemies.

Philippe relève la tête. Ses compagnons sont brouillés, les vieillards sont flous.

– On doit fusiller ces traîtres ! crie le vieil homme au crâne chauve assis entre Pierre et Raoul, tout en abattant son poing ridé sur la table.

– Vous avez raison, il faut les punir ! C'est mauvais de laisser se créer des précédents ! dis-je plus déterminé.

Les voix fortes et les bruits de couverts résonnent dans la tête de Philippe, pareils aux musiques de fanfares lourdes et répétitives accompagnant les manèges des foires. Son estomac veut rejoindre ses lèvres. Il sent qu'il va vomir.

– Ça ne va pas, Philippe ? lui murmure Adrien.

Il ne répond pas, s'efforçant de fixer sa fourchette. Il garde les yeux mi-clos, et la paume de sa main tient son front relevé. Un courant chaud envahit ses tempes. Dans son assiette, une boulette de viande jaunie par le beurre fondu s'étire, la nappe se gondole, se dérobe. L'odeur du beurre cuit pénètre tout au fond de son ventre.

– Je crois que nous allons partir, dis-je en regardant Philippe, nous devons rejoindre notre régiment demain matin.

– Vous savez où dormir ? demande le vieillard.

– On nous a assigné un baraquement à un kilomètre de là, une ferme réquisitionnée, répond Goundo. Nous allons partir maintenant, Philippe a été blessé il y a quelques jours, il est encore très fatigué, ajoute-t-il en désignant le soldat d'un signe de tête.

– Vous ne voulez vraiment pas rester ? insiste le vieil homme, soutenu par toute l'assemblée qui approuve. Ce n'est pas tous les jours que nous rencontrons nos défenseurs !

– Non, c'est fort aimable à vous, mais demain nous avons à faire.

Je porte la main à l'intérieur de ma vareuse, l'en ressort avec mon portefeuille.

Le vieil homme pose la main sur la mienne :

– Ah non, vous ne me ferez pas cette offense, c'est moi qui invite !

J'hésite à dire quelque chose, puis finalement je range l'argent dans mon manteau.

Tous se sont déjà levés et ont reboutonné leur capote.

– Merci pour le repas, il nous a permis d'oublier momentanément cette guerre, lancé-je à notre hôte.

Les vieillards, regroupés près du comptoir, ôtent leurs chapeaux et casquettes, et entonnent la Marseillaise. Des « Vive la France » et des « Vive l'armée française » sont lancés du fond de la salle.

Je tourne la poignée de la porte.

Nous sortons dans la rue.

29

NOUS TROUVONS UNE GRANGE à quelques kilomètres de là, suffisamment loin du village pour ne pas être inquiétés par les habitants. Lorsque nous arrivons, de nuit, la porte principale est fermée par une chaîne et un cadenas. Mais nous entrons par-derrière, car une ouverture entre deux planches a été pratiquée dans le fond. D'ailleurs, nous nous apercevons vite que cette grange ne nécessite pas vraiment une grande protection. Qui volerait quelques meules de foin, un tas de bûches, ou une bicyclette rouillée aux pneus dégonflés ?

Nous nous installons en arc de cercle autour du mât central. Nous nous trouvons au milieu d'une surface vide.

– Cette grange doit servir pour les bals, dit Adrien en faisant une tresse avec deux fétus de paille.

– Alors, espérons qu'aucun bal n'est prévu demain matin, répond Raoul.

Philippe, recroquevillé sur lui-même, sanglé dans sa vareuse, s'allonge en prenant soin de caler sa nuque sur un ballot qui dépasse légèrement.

– C'était moins une, hein ? laisse échapper Raoul en me regardant.

– Oui, ajoute Goundo, on s'en est tirés de justesse !

Philippe s'agite une nouvelle fois dans son uniforme, puis se redresse et vient finalement s'adosser contre le mât qui perce la grange tel un chapiteau. De son index, il ôte une poussière collée sur le verre droit de ses lunettes, puis baisse le regard et se met à fixer mes chevilles. Il parle doucement :

– Quand j'ai appris que la guerre venait d'éclater, j'ai fait comme tout le monde : j'y ai pas cru, ou plutôt, j'ai pas voulu y croire, comme on se réveille le matin en voulant chasser de sa mémoire un mauvais rêve, mais vous savez bien... Plus le temps s'écoule, et plus le rêve persiste, puis il faut se rendre à l'évidence : il y a vraiment la guerre... et maintenant on est là.

« Une fois la déclaration de guerre affichée, la vie de chacun a été bouleversée dans les moindres détails. On s'est retrouvés dans un climat d'attente : attente des jeunes garçons pour partir, attente des mères pour que leurs fils reviennent, des fiancées, des pères. Mais on a trouvé aussi des pères qui allaient inscrire leurs fils fièrement, en espérant qu'ils reviendraient avec une médaille. Pas une seconde, la perspective qu'ils ne reviendraient peut-être pas du tout ne les a effleurés.

« Ces médailles, comme elles sont importantes dans les guerres ! De même qu'on incite un élève à travailler davantage en lui offrant des bons points, on envoie bien plus facilement les hommes à la mort en leur promettant une récompense ; pas la liberté, pas un retour dans leur famille, auprès de leur femme, non, simplement une petite effigie de métal argenté. Les médailles, ça calme les esprits et ça fait beau sur les costumes.

« Ce qui est terrible, c'est qu'à chaque guerre les hommes commettent la même erreur : toujours contents d'y aller au début, puis suppliant Dieu, l'État et le saint Fer à cheval d'en revenir vivants, de préférence entiers, et de montrer que les dirigeants n'ont pas eu notre peau aussi facilement qu'ils le pensaient ; mais, au bout du compte, on va toujours chercher sa décoration. Tous ces anciens combattants, savent-ils qu'ils portent sur leurs vestes la valeur des hommes qu'ils ont tués ? Quand on a sauvé sa vie en tuant les autres, est-ce un luxe d'en arborer le prix au revers d'un col ?

« Ils commémorent Sedan et Villersexel, mais qu'est-ce qu'on en a à faire de leurs commémorations ! Cette guerre a quarante ans, et elle était déjà terminée quand nous sommes nés. Aujourd'hui, on trinque à cause de leur esprit revanchard français. Partir la fleur au fusil et le sourire aux lèvres, tu parles ! Pourquoi ne célèbrent-ils pas Bouvines et Austerlitz ? On a déjà bien assez de cette guerre pour s'occuper de celle de nos aînés !

– Peut-être que nous sommes déjà recherchés, dit Goundo.

– On n'en sait rien, répond Adrien. C'est pas la peine de se torturer avec ça. De toute façon, ça changera rien !

Raoul marmonne pour lui seul, mais chacun peut entendre :

– Et s'ils ont placardé une liste d'insoumis sur les mairies des cantons... On n'a plus aucune chance... On est foutus... Ils vont nous fusiller !

– Vous croyez que c'est comme ça qu'on s'en sortira ? crié-je soudainement. Vous aviez plus de courage quand on était dans la forêt ! Le problème, c'est que dans la forêt, on peut pas bouffer ! Et si on bouffe pas, là on crèvera, vraiment ! Vous préférez marcher pendant des jours l'estomac vide et piller des fermes, c'est plus facile ?

Raoul reprend :

– Et les autres, les vieillards du village, ils nous ont vus maintenant, ils peuvent nous dénoncer, ils ne sont pas dupes. Ils vont se poser des questions, ils savent qu'on n'est pas loin.

– Il a raison, ajoute Adrien, ce n'est pas simplement une question de peur, c'est aussi une question de logique. Nous sommes censés réintégrer notre régiment demain matin. Si par exemple dans trois jours un seul de ces vieillards nous retrouvait, il aurait alors la preuve que nous sommes des déserteurs ; il donnerait aussitôt l'alerte, et là plus question de retourner dans la forêt, plus question de rien du tout !

Raoul sort une allumette et un petit morceau de bougie de sa vareuse. Nos visages s'éclairent tout à coup, figeant les silhouettes comme sur une toile de Rembrandt.

Nous sentons tous que le moment est capital et que cette situation unique nous entraîne peu à peu vers quelque chose d'essentiel et d'absolu, mais nous ne pouvons définir ce sentiment. Je m'aperçois à présent que l'alternative est horrible, parce que trop simple, trop facile. Choisir, me dis-je, c'est être faible, c'est s'avouer mortel, se prétendre vaincu, c'est le dernier recours de ceux qui n'ont plus d'idéal.

– Qui parmi vous veut retourner dans la forêt ? demandé-je en balayant la grange du regard.

Dans la pénombre, je vois quatre mains se lever lentement autour de la chandelle.

Nous décidons de passer quelques heures dans la grange, à l'abri du froid et du vent qui dehors commencent à envahir la nuit.

Nos cinq silhouettes se serrent les unes contre les autres. Adrien et Goundo s'endorment aussitôt. Quant à moi, je me tourne vers la porte de bois. Le sommeil ne vient pas, comme une punition d'avoir trop rempli mon estomac. En étant le plus lucide possible, je vois peu de chances de sortir de cette guerre vivant, mais je veux encore m'accrocher à cette parcelle d'espoir. C'est la dernière chose qu'il nous reste à tous, et si ce but disparaît, alors disparaît aussi la vie.

Au début, en 1914, cette guerre avait encore un visage humain ; à présent, elle ne semble plus avoir de visage du tout. Chacun peut y voir ce qu'il désire. Depuis trois ans, la souffrance et la douleur ont revêtu toutes les apparences, ont chaque fois repoussé les limites de la résistance humaine jusqu'à son paroxysme. C'est une guerre où les généraux exécutent eux-mêmes leurs propres soldats pour éviter aux ennemis de le faire, une gigantesque pagaille où les lâches n'ont plus rien pour s'abriter des bombes. Chacun se révèle aux autres. La pudeur, la timidité et l'hypocrisie n'ont plus leur royaume ici.

Pourquoi les hommes font-ils la guerre ? pensé-je.

La réponse ne vient pas, et je sais qu'elle ne viendra pas.

Et pourquoi ceux qui veulent se battre obligent-ils les autres à le faire à leur place ?

Je sens peu à peu mes paupières se fermer et mon cerveau s'alourdir.

30

UN RAYON DE LUMIÈRE parcourt la grange dans toute sa longueur. La porte lance un crissement en pivotant sur ses gonds. À l'entrée du hangar, la silhouette d'un homme emmitouflé dans un manteau, et tenant une lampe-tempête, se découpe dans un ciel gris nuageux entouré de planches.

Adrien et moi nous redressons brusquement.

À quelques mètres se tient le vieillard qui nous a invités à manger.

– C'est… c'est ici votre baraquement ? marmonne-t-il en avançant, la main inclinée au niveau des sourcils pour mieux nous reconnaître.

– Notre ami était malade, nous n'avons pas pu continuer, lui lancé-je en désignant Philippe.

Le vieil homme s'approche à petits pas.

Il considère les cinq formes étendues.

Ses yeux fixent Philippe, couché contre un ballot de paille.

– Malade ? Qu'est-ce qu'il a ?

– On ne sait pas exactement. De la fièvre. Il tremble depuis hier soir.

L'homme nous regarde à tour de rôle avec attention.

– Vous auriez dû revenir à l'auberge. On vous aurait donné des chambres pour la nuit.

– Mais nous n'avons pas assez d'argent ! lui dis-je sans attendre.

– Qu'importe ! Vous auriez été nos invités.

– C'est fort aimable à vous, monsieur, mais nous devons partir.

À peine ai-je terminé ma réplique que je suis déjà en train de me lever.

L'homme nous observe :

– À moins que… marmonne-t-il.

– À moins que quoi ? demandé-je.

– Oui, bien sûr, pourquoi n'y ai-je pas songé plus tôt ? Comment ai-je pu être aussi naïf ?

– Naïf pourquoi, monsieur ? Je ne comprends pas.

– Mais c'est évident : vous êtes des déserteurs !

À présent, Goundo et Raoul sont éveillés, et fixent le vieil homme.

Adrien intervient :

– Mais non puisque nous les recherchons ! Justement, à cause de notre ami, nous avons dû nous reposer ici. C'est votre grange ?

Pour toute réponse, il sort de sous son manteau un fusil, et en pointe le canon dans notre direction.

Instinctivement, Adrien lève les bras, imité par Raoul et Goundo.

– J'ai mis le temps, mais j'ai bien compris vos manigances, espèces de trouillards !

– Non, vous faites erreur… hasardé-je, sans pourtant être convaincant.

– Oh non, je ne fais pas erreur. Au contraire, je vois très clair dans votre petit manège.

Il faut trouver quelque chose, vite, mais quoi ?

Soudain, l'idée surgit : la surprise, vieille comme le monde. Ça marche toujours.

– Attention ! hurlé-je en regardant derrière l'homme, en direction de la porte.

Son instinct est fatal, et il se retourne.

Je profite de cette seconde de diversion pour me dégager de la paille et plonger dans sa direction.

J'attrape son fusil. Le coup part, en direction d'un angle vide de la grange.

Je lui arrache l'arme, et il perd l'équilibre.

Il part en arrière, je ne peux le retenir.

Tout va trop vite et c'est déjà trop tard.

Un bruit sourd résonne.

Le vieil homme, couché sur le dos, ne bouge plus.

Un mince filet de sang se met à couler par une oreille. Rapidement, la paille se teinte de rouge sous sa nuque.

Je réalise alors ce qui vient de se passer : dans sa chute, sa tête a heurté le mât central soutenant la toiture.

Je lève les yeux et regarde les autres.

Philippe tient ses lunettes à la main et garde la bouche ouverte. Goundo est pétrifié dans un rictus.

Je respire fort, comme si mon cœur allait éclater, mes poumons exploser. Mes dents mordent dans mes lèvres jusqu'à ce qu'elles saignent. Les autres, debout, forment un cercle autour de moi.

Adrien s'accroupit à ma hauteur.

– Qu'est-ce que j'ai fait ?

Rien ne peut justifier mon geste, pas un mot, aucune loi, seulement la maladresse de cette homme qui s'est tué en tombant.

– Ça vaut peut-être mieux comme ça, dit Philippe, tandis qu'Adrien ferme les yeux du mort.

Nous nous retournons tous les trois vers lui.

– Oui, si ça n'avait pas été un accident, c'est sans doute ce que nous aurions été contraints de faire ! termine-t-il.

Nous transportons le corps, l'installant sous plusieurs bottes de paille, avec son fusil.

Il faut partir maintenant, quitter la grange.

Dans quelques heures, cet homme sera recherché par ses amis, ceux-là mêmes qui se tenaient à ses côtés dans l'auberge.

Nous ne pouvons rester plus longtemps.

Nous réunissons nos affaires et sortons par l'ouverture située à l'arrière.

31

DANS LE GRIS ENCLUME de ce matin d'hiver, nos cinq silhouettes errantes reprennent leur chemin. Nous sommes cinq hommes perdus, ni français ni allemands, réalisant brusquement que la liberté que nous pensions avoir recouvrée a été bien éphémère.

À présent, je ne suis plus comme les autres. Mes compagnons sont des déserteurs ; moi, je suis un assassin.

Depuis le début de cette guerre, je n'ai jamais tué un ennemi en face, ma baïonnette n'a jamais pénétré les entrailles d'un jeune allemand ; le seul homme dont je porte maintenant la mort sur la conscience est ce vieil homme un peu trop patriote.

Voilà donc ce qu'est la mort. C'est si rapide, si imprévisible, si silencieux, si facile.

Mes mains, qui savent aimer et caresser, peuvent aussi tuer. Elles en ont le pouvoir.

J'ai tué un homme, un civil, un Français. J'ai commis l'indicible, l'inexcusable, l'irréparable.

Maintenant, je ne serai plus jamais tranquille.

Lieutenant Levasseur. Aujourd'hui, je ne suis plus rien, seulement la pire des choses et en même temps la plus naturelle, la plus logique de celles engendrées par la guerre : un déserteur.

Fuir. Est-ce une réaction si mauvaise et si condamnable ? Un sentiment si lâche ?

La guerre. Quel changement dans la vie d'un jeune homme ! Quel dépaysement ! La possibilité de devenir un héros, la sensation si extraordinaire de servir à quelque chose, de modifier les destinées. Elle semble offrir à ceux qui ne sont rien l'occasion de devenir des légendes. C'est un jeu dont l'inscription reste gratuite, mais obligatoire, un jeu auquel on est forcés de jouer. Et nous sommes cinq à avoir refusé les règles, à avoir truqué les données, cinq parasites dans cette boucherie bien planifiée, cinq jokers qui peuvent faire leur entrée à n'importe quel moment de la partie.

Mineur, potier, instituteur ou employé de mairie ; après trois années d'horreur, que signifient encore nos professions aujourd'hui ? Désormais, le croyant est devenu un peu plus croyant, l'anarchiste un peu plus anarchiste, une seule chose a changé : il n'y a plus d'espoir d'une guerre courte, rapide et efficace, qui se serait jouée en une ou deux batailles. Jamais une guerre n'a paru aussi longue.

Nous avançons sur la route. Au loin, la ligne d'horizon sépare une terre rouge sang d'un ciel bleu-gris. Les patriotes y auront peut-être vu un symbole, mais nous, nous voyons seulement que nous allons devoir marcher encore longtemps avant de trouver les premiers arbres d'une forêt.

Sauver mon pays, pensé-je. On m'a inculqué ce devoir dès que j'ai été en âge de comprendre. Mais de comprendre quoi ? Qu'il faut brusquement quitter ceux qu'on aime pour aller mourir dans un coin de France ?

Soudain, nous nous arrêtons. Quelque chose a bougé, quelque chose de rose, de petit.

Nous nous rassemblons tous les cinq, plissant les yeux pour mieux distinguer de quoi il s'agit. On court vers nous. Bientôt, nos muscles se détendent, et toute la fatigue réapparaît sur nos visages. Une petite fille vêtue d'une robe rose vient à notre rencontre.

Elle s'arrête, essoufflée, à quelques mètres du groupe. Ses yeux bleu électrique sont enfouis dans un visage tout rond. Deux grandes nattes blondes descendent sur le devant de sa robe, comme deux bretelles de cheveux reliant sa tête à son corps. Dans sa main droite, elle tient une baguette de bois. Elle me dévisage longuement, car je suis le plus près d'elle, avant de m'adresser la parole :

– Bonjour Monsieur Soldat, tu vas à la guerre ? demande-t-elle d'une voix douce.

Je souris, et regarde Goundo qui éclate de rire.

– Oui, je vais à la guerre, mais je cherche où c'est !

– La guerre, c'est là-bas ! dit-elle en désignant de son index l'horizon au bout de la route sur laquelle nous marchons.

– Ah… eh bien, nous sommes sur le bon chemin, alors, dis-je en me tournant vers les autres.

– Oui, c'est bien là, mais tu as raté le début, affirme-t-elle d'un air sérieux et déçu à la fois.

– Oh, ce n'est pas bien grave.

– Et tes amis, tu les emmènes aussi avec toi ? demande-t-elle encore.

Goundo emplit de nouveau l'air d'un long rire sonore.

– Bien sûr. Je m'ennuierai tout seul !

Souriant, je me tourne vers les autres.

– Pourquoi vous avez pas de chevaux, ça irait plus vite !

– Tu sais, on peut pas donner des chevaux à tout le monde, sinon plus personne n'irait à pied. Mais qu'est-ce que tu fais là, toi ? Tu te promènes toute seule, comme ça, en pleine campagne ? demandé-je.

Je m'approche et m'accroupis près de la fillette pour être à sa hauteur.

– Moi, je garde les vaches.

– À ton âge, tu gardes les vaches ? Et tu n'as pas peur de surveiller de si grosses bêtes ?

– J'ai pas peur, mais elles se sauvent tout le temps !

Elle tord la bouche et tire en cadence sur ses deux nattes, comme les cordes des balançoires auxquelles on aime se suspendre quand on n'est pas encore trop lourds.

En marchant un peu, nous découvrons le troupeau éparpillé au bas de la colline. Nous oublions aussitôt notre fatigue et nous mettons à courir sur le chemin, précédés de la petite fille. Curieuse armée que celle de déserteurs menés par une enfant, et pour qui la guerre est une lutte contre des vaches qu'elle doit ramener jusqu'à la ferme.

– Elles sont pas méchantes, tes vaches ? demande Adrien, quand nous sommes tous réunis à l'entrée du champ.

– Non, mais elles sont pas sages, s'exclame la fillette en frappant le barbelé de sa baguette, et elles m'écoutent jamais !

Doucement, les uns après les autres, nous enjambons les fils et pénétrons dans l'étendue vaste. J'enfonce ma chaussure dans une bouse bien fraîche.

Goundo hurle de rire.

– Ah, très drôle, dis-je en essuyant tant bien que mal ma semelle dans l'herbe, et puis, qu'est-ce que c'est que ce rire ? Ça me rappelle un vieil oncle imitant la hyène.

– La hyène ? crie Goundo en se rapprochant d'une vache.

– Oui, la hyène ! C'était un oncle qui avait fait les colonies et qui avait vécu pas mal de temps en Afrique. Il nous disait que, quelquefois, le soir, des hyènes descendaient jusqu'aux portes des villages et riaient pendant des heures. Il paraît que, même après des années, leur cri surprenait encore les plus vieux villageois, tant ce rire ressemblait à celui des êtres humains. Les habitants n'aimaient pas ça ; ils avaient beau essayer de les chasser, elles revenaient toujours. Ils racontaient que c'étaient les âmes réincarnées de ceux à qui ils avaient fait du mal, et qui revenaient les narguer.

Les vaches brunes et indolentes ne font pas beaucoup d'efforts pour échapper à leurs poursuivants ; elles se dirigent docilement jusqu'à l'entrée du champ. Adrien et Philippe accompagnent vers le troupeau un veau fugueur qui rejoint sa mère en gambadant.

Lorsqu'elles sont toutes réunies près de la barrière, attendant le coup de baguette qui les fera trottiner jusqu'à la ferme, je m'agenouille devant la petite fille.

– Veux-tu me promettre quelque chose ?

– Dis toujours, je verrai si je peux, murmure-t-elle en faisant rouler la baguette entre ses deux paumes.

– Ne raconte à personne que c'est nous qui avons ramené tes vaches, tu veux bien ?

– Comme un secret ?

– Oui, si tu veux, un secret entre nous deux, ajouté-je doucement.

Elle tape sa main dans la mienne et m'embrasse sur la joue, en me serrant entre ses petits bras. Nous nous quittons à la lisière de la forêt.

Elle nous fait de grands signes, en marchant à reculons derrière le troupeau.

32

LA FORÊT QUE NOUS TRAVERSONS est différente de notre première cachette. Les arbres moins espacés et les buissons plus serrés semblent nous protéger.

Nous redécouvrons une chose oubliée depuis notre fuite : la faim. Après le repas pris à l'auberge, nous comprenons qu'il nous faudra nous réhabituer aux racines et aux feuilles. Le peu de nourriture que contiennent nos sacs ne suffira jamais à nous faire passer trois jours sans piller une nouvelle ferme.

Nous avançons depuis presque une heure lorsque nous décidons de nous arrêter et d'établir un campement autour d'un groupe de chênes.

Comme la première fois, nous posons nos fusils, nos casques et nos sacoches. Nous nous asseyons en arc de cercle.

– Eh bien, nous voilà revenus à notre point de départ, dit Philippe en s'adossant contre un arbre.

– On aura toujours fait un bon repas et pris un bon bain, s'exclame Raoul.

– Et aidé une petite fille à ramener ses vaches à l'étable, ajoute Goundo.

– Et tué un vieillard dans une grange, conclut Philippe en faisant sauter des plaques de boue collées sur ses bottes.

– C'est un accident, répliqué-je, piqué au vif. Et c'est inutile de me le rappeler, je vis suffisamment avec ça maintenant. De toute façon, à ma place, tu n'aurais pas fait mieux !

– Je n'aurais pas fait pire non plus ! répond Philippe.

– Tu crois qu'ils le trouveront facilement ? demande Adrien en me dévisageant.

– Aujourd'hui même, sans doute. Quand ils ne le verront pas à l'auberge, ils se demanderont s'il n'est pas malade, et ne le voyant pas ils se rendront jusqu'à la grange…

– Et s'ils ne fouillent pas ? interrompt Adrien.

– Il ne faut pas trop croire aux miracles, dis-je en déboutonnant le col de ma vareuse qui me serre le cou.

Raoul se lève subitement, et nous regarde tous :

– Je vais voir ce qu'il y a de bon à manger.

– C'est ça, rapporte-nous un garenne ! lance Philippe.

– Je t'accompagne.

Raoul place sur son épaule une musette presque vide, et nous partons, disparaissant presque aussitôt dans l'épaisseur des bois.

De temps à autre, au cours de notre marche, nous ouvrons la sacoche pour y déposer des herbes et des mousses cueillies sur notre passage.

– Comment penses-tu que cette guerre finira ? demande Raoul, en faisant tomber quelques feuilles au fond du sac.

– Quand le premier pays saigné à blanc aura le courage de se retirer de la partie, dis-je, arrachant d'un coup sec une poignée d'herbes au pied d'un arbre.

– Tu crois que ce serait décisif si l'une des puissances capitulait ?

– Oui, ce serait décisif. La guerre est un jeu où personne ne gagne ; le seul vainqueur est celui qui comprend que tout cela ne le mènera à rien. Le joueur qui sort du casino parce qu'il sent qu'il va tout perdre, c'est lui le vrai vainqueur. Voilà trois ans que nous sommes en guerre, et on ne se souvient plus très bien des raisons pour lesquelles nous la faisons. On s'habitue à la guerre, et personne ne pense plus à l'arrêter. Nous avons eu tout le temps de nous familiariser avec la peur, la faim, le froid. La guerre est devenue quelque chose de familier, de proche. Elle fait partie de nous, elle remplit notre vie… et même… nous avons parfois du mal à nous souvenir de ce qu'était la vie en temps de paix… mais nous, nous sommes définitivement privés de la paix. Lorsqu'elle reviendra en France, et partout ailleurs, nous n'y aurons malheureusement pas droit. Ce sera l'oubli dans un petit village d'Auvergne ou des Pyrénées, ou autre part, à l'étranger… l'Espagne, peut-être. Et si nous survivons à cette guerre, notre punition sera l'anonymat. Plus de femme, plus d'enfants, plus d'amis. On sera obligés de repartir à zéro ; c'est le prix de la désertion.

Nous nous immobilisons brusquement ; un bref regard entre nous deux : il se passe quelque chose.

Des feuilles frissonnent à quelques mètres, deux mains écartent les branches, une tête apparaît comme Guignol au théâtre : c'est un jeune garçon surmonté d'un casque, la bouche ouverte, et l'air ahuri d'un homme avide de liberté.

– *Oh Gott, nein… nein* (« Oh non, mon Dieu »), marmonne le soldat.

Nous restons plantés là, la baïonnette pointée sur l'homme qui lève les bras en s'avançant vers nous.

– *Bitte… Bitte… Schiessen Sie nicht !* (« Je vous en supplie, ne tirez pas ! ») Vous… pas tuer… moi, articule-t-il.

Nous comprenons tout à coup que nous serons désormais six déserteurs.

33

WILHELM EST IMMÉDIATEMENT ACCEPTÉ par tous. Comment pourrions-nous prétendre le chasser ? Nous, Français, n'avons pas le monopole de la désertion.

On lui donne sans compter une bonne part de nos rations, mais les conversations sont très limitées, car personne dans le groupe ne connaît l'allemand.

– Il faudra recommencer demain, lancé-je, le visage baissé.

– Tu veux dire… les fermes ? demande Philippe, qui ôte une fois de plus ses lunettes afin d'en nettoyer les verres.

– Oui… les fermes… Deux d'entre nous pourraient retourner à la première que nous avons visitée.

– Tu ne crois pas que c'est un peu trop risqué, dit Adrien, soufflant sur ses mains bleuies de froid.

– Je ne crois rien du tout. Je crois seulement que nous devons trouver à manger le plus vite possible.

L'Allemand tourne la tête dans tous les sens, comme les enfants qui essaient de comprendre le langage des adultes réunis autour d'une table.

Adrien, voyant que nous l'avons accepté parmi nous mais exclu par les mots, porte sa main gelée à sa bouche, et lui signifie que notre conversation porte sur la nourriture. Puis, il lève son index devant sa tempe, et lui fait exécuter de petits cercles pour lui expliquer que nous sommes en train de réfléchir. Un sourire se dessine sur le visage de Wilhelm, qui se frotte les mains en considérant ceux qui l'entourent.

Enfin, le jeune ennemi se met à parler, en essayant de rendre compréhensible chacun de ses mots :

– Soldats… miens, affirme-t-il en frappant sa main sur son torse… tout près… ici.

– Des Allemands campent dans la forêt, c'est ça ? demande Philippe.

– J'en ai peur.

– Des déserteurs, d'autres déserteurs ? articule Raoul, venu se placer juste en face du soldat.

– Déserteurs ? répète Wilhelm, l'air vague et embarrassé.

– Oui, déserteurs !

Je place ma paume gauche sur mon poignet, et avec la main droite mime le signe de la fuite.

– Non, affirme tout fort Wilhelm en secouant la tête d'une manière déterminée.

Nous nous observons tous quelques secondes. La nuit tombe. Nous nous enfoncerons un peu plus dans la forêt le lendemain matin, mais pour l'instant nous devons dormir. Comme à l'habitude, nous nous blottissons les uns contre les autres. Wilhelm se couche entre Raoul et moi, et ferme les paupières presque aussitôt.

Goundo sort une carte à jouer et l'embrasse, puis, il la serre très fort entre ses doigts. C'est une dame de pique. Un coin est plié ; la vieille Pallas jaunie tient dans sa main une fleur à la tige tombante.

– Pourquoi t'as pas une dame de cœur ? demande Raoul.

– Parce que tout le monde a une dame de cœur ! Et puis cette carte, je l'ai trouvée dans la rue quand j'étais petit. Depuis, je l'ai toujours gardée, elle me sert de porte-bonheur.

– Eh bien, ne la perds pas, parce que t'en auras rudement besoin !

Pour Raoul, les jeux de cartes sont une passion, mais bien plus que les cartes, c'est le hasard qu'il aime vraiment. Celui-ci tient certainement le premier rôle dans cette débâcle, mais est-ce le hasard qui fait tomber chaque jour des milliers d'hommes dans la boue, et qui en laisse quelques-uns à l'abri au fond des tranchées ?

34

À PEINE SUIS-JE ÉVEILLÉ que je bloque ma respiration. À côté de nous, proches et irréguliers, parviennent des éclats de voix.

– *Was für eine komische Idee ! Die vom Stab sind der Meinung dass wir die Fahnenflüchtigen leichter finden, wenn wir im Wald übernachten !* (« Quelle drôle d'idée a l'État-major, il pense qu'en nous faisant coucher dans la forêt, nous trouverons plus facilement les déserteurs ! »)

Les intonations sont claires et fortes, à une trentaine de mètres peut-être de notre groupe. Je me retourne doucement sur le ventre, veillant à ce que le moindre bruit soit amorti, comme étouffé par chaque particule de mon corps. Je baisse la tête, jusqu'à planter mon menton dans une petite plaque de mousse.

Depuis le jour où nous avons déserté, nous avons tout imaginé, envisagé chaque situation, mais celle de soldats s'installant à proximité de notre campement ne nous est jamais venue à l'esprit. Lorsque je vois les

Allemands poser fusils et casques, puis déplier leurs couvertures, je comprends alors que nous allons sans doute devoir rester dans cette position pendant des heures entières.

Nous sommes là, tous les six, dissimulés derrière un buisson, et devant nous l'ennemi s'organise pour passer la nuit. Aucun de nous n'ose bouger, comme si brusquement tout mouvement devenait fatidique, comme si dans chaque geste il y avait une part d'irrémédiable. Nous sentons nos muscles tendus commencer à s'amollir et à se fatiguer ; nos doigts plantés dans la terre se décrispent peu à peu. Nous comprenons aussitôt que dès à présent notre véritable ennemi va être le froid nocturne qui descend du haut des arbres pour pénétrer dans le sol gelé.

Sans manger, car aucun de nous ne veut prendre le risque d'étendre le bras pour saisir une sacoche, et sans dormir, car tous craignent de se mettre à ronfler en s'assoupissant, nous savons maintenant que cette nuit sera éprouvante. Mais la faim et le manque de sommeil ne seront jamais aussi terribles que l'onglée et les engelures.

Nos membres sont transis par le froid, puis engourdis, et enfin paralysés. Chaque partie du corps est, l'une après l'autre, envahie par cette espèce de liquide glacé qui remonte jusqu'au cerveau en courant dans les vaisseaux sanguins. Nous ne cessons de bouger les doigts et les orteils pour empêcher que nos extrémités ne gèlent.

Nous résistons le plus longtemps possible pour ne pas nous endormir, puis finalement sombrons peu à peu dans une torpeur qui se transforme en sommeil.

35

LES ALLEMANDS NE QUITTENT LA FORÊT qu'en début d'après-midi. Placidement, comme s'il s'agissait d'une routine, d'une simple mission de reconnaissance, les hommes rangent leurs affaires, ramassent leurs fusils et s'éloignent.

Nous attendons un quart d'heure avant de recommencer à parler. Je tente alors de demander le plus simplement possible si depuis la veille au soir ces soldats ont dit quelque chose d'important nous concernant.

– Eux… chercher… *deutsche Fahnenflüchtigen*, articule le garçon.

– Ils ne s'intéressent qu'aux déserteurs allemands, traduit Philippe, qui par miracle connaît le sens de ce mot.

Nous commençons à refaire fonctionner nos articulations. Nos membres ressemblent à de vieux outils couverts de rouille, de poussière et de froid, des pièces de mécanique oubliées par le temps auxquelles on tente de redonner vie après des années. À chaque effort de plissement, de pliure ou d'élongation, nous entendons nos os se tordre à l'intérieur de nos vêtements. Nous enfonçons les incisives dans nos lèvres gelées. Chacun, se concentrant sur une phalange, un poignet ou un genou, pousse des gémissements, et regarde l'autre souffrir en silence pour se persuader d'en faire autant.

Cette seconde naissance fait de nous des insectes libérés de leur chrysalide, abandonnés dans ce curieux moment où la vie et la mort sont semblables parce que symétriques.

Quand nous sommes debout, soufflant dans nos mains et constatant en riant que nos articulations restent aussi mobiles qu'avant, nous comprenons que le froid n'est pas seulement la sensation opposée à celle de la chaleur, mais qu'il peut aussi devenir un supplice insoupçonnable.

Une fois réchauffés, notre estomac se met tout naturellement à réclamer de la nourriture, mais nos sacoches sont vides. Les derniers biscuits ont été mangés par Wilhelm. Goundo et Raoul lancent un regard accusateur vers cet homme venu dévorer nos dernières ressources.

– On ne peut plus se contenter de racines, lancé-je aux autres, réunis autour d'un chêne géant.

– Tu veux dire qu'il faut encore piller des fermes ? demande Adrien.

– Je veux dire qu'il nous faut retrouver une alimentation normale, que ce soit par les fermes ou un autre moyen, répliqué-je.

– Pour les fermes, c'est terminé, on ne peut plus compter là-dessus ! dit Adrien qui boutonne son col.

Les deux qu'on a faites nous ont montré nos limites : trop éloigné et trop dangereux.

– Alors, nous devons recommencer le coup de l'auberge ! fait Goundo qui desserre les lacets de ses godillots.

Nous sommes parvenus à un stade où il n'y a plus de solution facile : la moindre proposition signifie le risque et le danger. Nous nous apercevons qu'être déserteur est mille fois pire que soldat, mais en face de ces souffrances et de ces douleurs il y a la liberté, le pouvoir de sourire et de choisir le moment où l'on veut avoir peur. Et tout au fond de nous-mêmes, nous savons bien que pour rien au monde nous ne retournerons dans les tranchées.

J'ignore ce que nous allons faire, ce que nous allons devenir, mais on peut toujours essayer de sortir de cette forêt, proposé-je en sondant les cinq autres visages qui m'entourent.

– Et après, une fois sortis, maugrée Philippe, on se fera épingler dans le premier village !

– Chacun a le droit de décider… mais avant de prendre une décision, quoi qu'on fasse, je pense qu'on ne devrait pas se séparer.

La suggestion de rester groupés est approuvée à l'unanimité. Quant à ce que nous allons faire, nous sommes très longs à en décider. Après moult hésitations, nous choisissons de couper à travers la forêt et de suivre la lisière des bois en direction du sud.

36

LORSQUE LE SOLEIL commence à descendre derrière les arbres, nous nous levons et partons aussitôt. Nos cinq uniformes bleu délavé suivis d'un manteau gris pâle disparaissent dans les bois. Les yeux enfoncés comme des clous dans des visages tailladés par le froid, nous sentons nos pas redevenir légers. Un sang nouveau, plus chaud et vivifiant, coule dans nos veines.

Au loin, emprisonné dans les branches, un minuscule point blanc, lumineux et aveuglant, surgit de temps à autre. Il est toujours devant, telle une luciole guidant la marche de voyageurs nocturnes. Et plus nous avançons, plus il grandit.

Bientôt, le point devient une déchirure dans l'écran de la forêt, et au fond d'un chemin, nous voyons que cette forêt s'arrête net pour se jeter dans une plaine.

Devant nous, une prairie enneigée s'étire aux quatre coins de l'horizon, un peu comme un drap blanc aux limites infinies qu'on aurait punaisé sur chaque point cardinal. Nous restons longtemps immobiles, sans parler, respirant fort, laissant échapper la buée de notre bouche à la façon de locomotives.

Alors, dans un même élan, comme si la sonnerie imaginaire d'une école invisible venait de retentir, nous nous élançons à toutes jambes sur la surface immaculée. Nous enfonçons nos semelles dans la mince couche vierge en hurlant de toutes nos forces. Nous voulons être absorbés par cet instant unique, avalés par cette hystérie qui jaillit de nous-mêmes, et que nous ne maîtrisons plus. Adrien glisse et s'écrase de tout son long dans la pâte blanche. Tombé sur le dos, il pousse un cri de hyène qui fait éclater de rire Goundo.

Nous enfouissons de pleines poignées de neige dans notre bouche. Cette sensation glacée est merveilleuse. En un instant, notre soif est étanchée. Cette plaine offerte est un miracle.

Raoul se roule comme un chien fou qu'on aurait sorti de son chenil. Il a le sourire rougi par le froid, et les cheveux gras de sueur et de peur saupoudrés de sucre glace. La neige s'est mise à tomber à gros flocons. Ils virevoltent dans le ciel endeuillé par le gris, et viennent s'écraser dans notre nuque et sur nos épaules.

Nos silhouettes se détachent sur le fond uni de la prairie, sautillant, courant, se relevant. Nous sommes d'infatigables animaux dansant sur leur territoire de liberté.

Quand nous sommes rassasiés de bonheur, quand notre ivresse a atteint son point de non-retour, nous nous rassemblons au milieu du champ, encore ébahis par notre moment de folie. Six bonhommes de neige, brusquement animés de vie, s'installent en demi-cercle.

Philippe cligne des yeux pour éviter les flocons toujours plus épais, qui chutent en vrillant à une allure infernale. Un rempart de points blancs s'est dressé entre l'horizon et les hommes.

– Vous ne voyez pas une maison tout au fond, sur la droite ? demande-t-il en cernant son visage de ses mains.

Nous imitons son geste. Sous nos phalanges bleuies, une petite construction surmontée d'une toiture se dessine parmi une cascade de boules de coton. Nos lèvres glacées s'élargissent en remontant vers nos joues. Raoul envoie une tape dans le dos d'Adrien, comme si tout à coup plus rien d'autre au monde n'existait que cette fermette aux briques ocre.

Nous nous mettons à courir vers la maison. La peur qu'il s'agisse d'un mirage nous étreint, enfermant notre cœur dans une coquille dure et rugueuse. Mais ce n'est pas un mirage, et ce que nous avons pris une seconde pour une apparition se rapproche de nous.

37

La fermette est minuscule et ne possède qu'une seule fenêtre. La porte n'est pas verrouillée. Nous nous engouffrons à l'intérieur.

Une longue table de bois, au centre de l'unique pièce, reçoit nos casques, sacoches et fusils aux crosses durcies par le gel. Une vieille armoire meuble un angle de cette superficie vide et froide. Philippe en fait rapidement tourner la clé restée dans la serrure, et tire la poignée : il n'y a rien, absolument rien. Les planches servant d'étagères ne supportent aucun objet, ni un clou rouillé ni un croûton de pain rassis.

Sans prononcer un mot, sans même émettre un son, il dégage une des deux chaises de la table et se laisse tomber lourdement, écrasant dans son mouvement sa large paume sur le bois mat de la table.

– Dans la forêt, on crevait pas la dalle, au moins !

Goundo saisit la seconde chaise et vient s'asseoir à côté de lui, faisant glisser sa main droite sur les épaules du garçon.

– T'en fais pas, on va s'en sortir, dit-il de sa voix forte, on est quand même mieux ici qu'au pied de notre arbre, tu ne crois pas ?

Devant la fenêtre, Adrien demeure dans une attitude figée ; il baisse la tête et fixe une photo tenue entre ses mains. Sur un cliché plié et replié, aux traces noires et au coin gauche délavé, une jeune fille blonde, tenant un bouquet de pâquerettes dans sa main droite, sourit à l'objectif.

– T'inquiète pas, tu la retrouveras ! résonne la voix de Raoul derrière lui.

– Non, je ne la reverrai jamais, murmure Adrien, conservant sa station immobile.

– C'est ta femme ?

– Ma fiancée. Nous devions nous marier en septembre 14. Elle est belle, hein ?

– Rien n'a changé, le mariage a seulement été différé de trois ans.

– Parce que tu crois qu'elle m'aura attendu ! réplique sèchement Adrien en tournant la tête vers Raoul.

– Mais bien sûr. La mienne aussi m'attend, dit le garçon en sortant une photo.

C'est une femme aux cheveux couleur d'encre, bouclés et aérés, au sourire large et aux yeux pétillants.

– Tu vois, j'ai encore reçu une lettre d'elle il y a deux semaines, ajoute-t-il en replaçant la photo dans une enveloppe.

– Moi, cela fait plus d'un an que je n'ai pas reçu de lettre, dit Adrien, le regard planté tout au bout de l'horizon.

Derrière la vitre, les flocons s'affolent, enlevés à leur chute calme par des tourbillons les entraînant haut dans le ciel, un ciel bouché de part en part, et d'où le gris s'efface progressivement pour laisser place au blanc. Des rafales de vent, dures comme des boulets, viennent s'écraser contre la porte de bois, la faisant vibrer sur ses gonds.

38

NOUS AVONS FAIM, et nous n'avons plus rien.

À part de la mousse et quelques racines, nous n'avons rien mangé ni même mastiqué depuis hier. Nos bouches sont sèches et nos lèvres crevassées.

Nos sacoches plates sont étalées sur la table. Wilhelm gratte le fond de la toile pour en extraire quelques miettes emprisonnées dans les plis du tissu. Le jeune allemand regarde les autres. Raoul lui renvoie un sourire de fatigue et de désespoir. Mais au fond de cette détresse extrême, il y a la volonté de trouver de la nourriture, du repos ou peut-être simplement le droit de vivre.

Nous savons bien que nous ne pourrons pas remettre éternellement cette recherche au lendemain. Depuis notre fuite du champ de bataille, nous nous sommes toujours promis le soir de découvrir des merveilles le matin. Pourtant, nous nous faisons de moins en moins d'illusions : ces merveilles n'existent pas.

Le soleil s'évapore derrière la neige, se dilue dans les flocons, et la lumière jaune pâle vire au blanc cassé. Au loin, la forêt n'est plus qu'une tache sombre aux limites indéfinies. Le blanc efface tout : les signes, les marques, les frontières.

Nous écartons la table et la plaçons dans un angle de la pièce. Nous nous allongeons dans la surface restante, nous serrant les uns contre les autres. Des soupirs d'épuisement s'échappent de notre gorge. Coincé dans l'angle, je me tourne contre le mur ; le crépi, épais et rugueux comme le dessus d'un gâteau de riz, embrouille mes yeux.

Ma mère m'a raconté que c'est dans une pareille maison qu'elle a accouché, par un matin d'hiver où la neige tombait si fort qu'on ne voyait plus à deux mètres.

Entre quatre gros murs froids d'une maisonnette servant de refuge aux paysans, couchée sur une couverture, les jambes écartées, elle a mis au monde une petite boule de chair vivante.

Une fermière d'un village voisin, qui travaillait dans les champs, a fait office de sage-femme. Elle a lavé ses bras dans la neige, et de ses deux mains bleuies a lentement sorti le nouveau-né de sa retraite confortable. À l'aide d'un couteau de jardinage, à la lame maculée de terre, grattée et essuyée afin de la rendre le plus propre possible, elle a coupé le cordon ombilical en s'y reprenant à plusieurs reprises. Puis, les deux femmes ont emmailloté l'enfant dans la vieille couverture, et le mari de la fermière a sorti sa charrette à cheval pour les transporter au village le plus proche.

Quelques années plus tard, ma mère a revu cette maison : elle était en ruines, mais au milieu d'un tas de gravats et de branches mortes, elle s'est mise à pleurer en revoyant le petit coin de la pièce où j'avais poussé mes premiers vagissements. Elle a aussi retrouvé la paysanne qui l'avait accouchée : une femme usée, courbée à angle droit, le visage aussi ridé qu'une vieille pomme. Malgré une mémoire défaillante, elle a découvert un large sourire sans dents quand ma mère lui a rappelé cet épisode. Ses yeux presque invisibles, encastrés au fond d'une peau dure comme du cuir, se sont illuminés, et ses doigts tordus et noirs aux jointures de bambous se sont mis à trembler à l'évocation de ce souvenir.

Comme le destin est étrange, je suis né dans une maison semblable à celle-ci, et aujourd'hui, égaré au milieu de cette guerre, ce grand bal costumé où la vie et la mort s'accordent sans compter les dernières valses, la providence m'oblige à me pencher sur mon passé, comme pour me forcer à entendre un testament dont je ne veux pas écouter la lecture.

Malgré la faim, les autres se sont endormis dans cet endroit à l'abri du vent, du froid et de la neige. À l'extérieur, les flocons redoublent de vitesse et s'écrasent sur la fenêtre. Certains glissent en fondant contre la vitre, telles des cuillerées de crème fouettée que des enfants auraient projetées sur les carreaux.

Je sens le sommeil me gagner. Des mots surgissent, s'imprimant dans ma mémoire tels des caractères gras sur le papier jauni : « Le gouvernement a l'honneur d'annoncer à ses citoyens que la France fabrique 200 000 obus par jour, ce qui permet à chacun de rester optimiste quant aux futurs événements », « Le vieux général Brugère, glorieux héros de

1870, âgé de 73 ans, remonte à cheval pour repousser l'horrible ennemi ».

Une fois encore, je revois la robe rose à liseré blanc de Madeleine. Elle me sourit en faisant descendre le tissu le long de son corps. Dans un froissement parfumé de vanille, je m'endors.

39

J'ai été le plus long à trouver le sommeil ; je suis le premier à m'éveiller. Je détache un à un les boutons de ma vareuse et étends mes jambes emprisonnées dans la toile jusqu'à les faire devenir raides comme deux bûches. Je prends appui sur le ciment froid de la maison, et d'une traction lente et maladroite me retrouve debout. Machinalement, je porte ma paume droite contre ma joue et la frotte. Le poil gratte fort. Depuis combien de temps ne me suis-je pas rasé ?

Je considère les cinq silhouettes immobiles, serrées les unes contre les autres dans un coin de la pièce. Tous dorment encore, profitant jusqu'au bout de cette toiture bien plus maternelle que la cime des arbres.

Les abords de la vitre sont givrés. Un léger flou, semblable à celui qui accompagne les photographies, s'étend aux quatre angles. Je m'approche de la fenêtre et colle le bout de mon nez près de la surface glacée : il ne neige plus. Toute la plaine est nimbée d'une couche épaisse et unie, sans relief et sans tache. Mes pupilles percent quelques formes noires s'animant, mais, à cause du voile produit par le givre et mon esprit tournant encore au ralenti, je ne distingue pas ce dont il s'agit. Je fais trois pas et ouvre la porte.

La surface blanche, dorée par le soleil, m'aveugle. Je ferme les yeux tant la douleur est vive, pareille à l'énorme torche d'un phare qu'on aurait braquée soudainement tout au fond de mes iris. Ma tête résonne encore de mille bruits, à la manière de centaines de casseroles traînées sur un sol de marbre. Mais tout s'arrête net. Mes yeux s'habituent à la lumière brutale, et mes oreilles bouchées – car la neige assourdit le moindre son – s'acclimatent à cette nouvelle sensation.

Pourtant, dans le silence, des cris aigus heurtent mes tympans. Lentement, je lève le regard et fixe l'horizon à la ligne invisible, se diluant dans le ciel gris. Je constate alors que les formes sont humaines, et que les sons irréguliers s'échappant d'elles sont des éclats de voix.

Je reste debout, figé sur le seuil de la porte. Mes prunelles se dilatent sur le blanc où les silhouettes noires s'éparpillent.

– Donnez votre signalement ! hurle une voix du fond de la plaine, étouffée aussitôt par le froid et la neige.

Je me sens vaciller. Mes jambes fondent littéralement. Je fais quelques mètres en arrière, enfonçant mes pas hésitants dans la matière légère que la nuit a répandue sur toute la prairie. Je butte contre le mur, m'engouffre dans la maison et tire la porte derrière moi, m'adossant contre elle en me tenant à la poignée. Ma poitrine se soulève et s'abaisse à un rythme frénétique. Mes yeux exorbités balayent la pièce vide où, derrière la table, les corps sont toujours blottis.

– Non ! forment mes lèvres, sans qu'aucun son ne puisse s'échapper de ma bouche.

– Non, répété-je.

Le dessin muet s'est transformé peu à peu en murmure, et le murmure en cri.

– Non ! hurlé-je de toutes mes forces.

Cinq visages endormis, les yeux mi-clos et les sourcils froncés, se tournent vers moi.

– Qu'est-ce qui te prend ? demande Philippe, avant de se lever en trombe et de courir jusqu'à la fenêtre.

Lui aussi découvre ce qu'il y a dehors.

40

NOUS SOMMES TOUS LES SIX rassemblés autour de la fenêtre, nos yeux fatigués sont rivés sur les silhouettes sombres s'éparpillant au loin dans l'immensité. Nous voyons des groupes se former, et des hommes courir de l'un à l'autre.

– Cette fois, c'est fini, marmonne Adrien en s'effondrant contre le mur, une main enfouie dans sa vareuse, à la recherche de son chapelet.

Raoul serre ses lèvres blanches et crevassées, mais elles ne saignent plus.

– *Aber wie haben sie uns wiedergefunden ? Das ist unmöglich !* (« Mais comment nous ont-ils retrouvés, ce n'est pas possible ? ») fait Wilhelm en grattant le crépi de ses ongles noircis.

– De toute façon, ils ne vont pas tirer comme ça. Ils vont nous demander de sortir, dit Raoul, cherchant le regard approbateur des autres.

Il sait qu'il ne trouvera pas ce regard… et il ne le trouve pas.

– Ils vont se gêner ! crie Philippe. Tu crois qu'ils sont venus pour nous inviter à faire une belote. Et puis, quand on sera sortis, ils nous fusilleront après un procès vite bâclé, ou peut-être même sans procès !

– Mais ils ne peuvent pas ! rétorque Raoul en pleurs, on n'a jamais refusé de sortir des tranchées, on n'a pas tué d'officiers !

– On a déserté, on est aussi coupables, ajoute Goundo en donnant une tape à Raoul.

– Ils n'oseront pas tirer ! crie Raoul, déversant un torrent de sanglots.

– Si, ils oseront, et s'ils n'osent pas, ce sont les gradés qui tireront sur nous ! réplique Philippe.

Goundo pose sa main sur la poignée. Lentement, il la fait tourner entre ses doigts.

Tout au fond du champ de neige, les silhouettes se sont espacées avec ordre. Elles forment à présent un large demi-cercle devant la maison, transformant cette dernière en scène d'amphithéâtre.

– Si vous ne sortez pas, nous serons obligés d'ouvrir le feu ! hurle une voix provenant d'un groupe d'hommes.

Goundo recule, abasourdi, et referme la porte. Il baisse les paupières et se retient à la vareuse de Raoul.

Il y a eu un laps de temps où nous croyions que ce que nous avions vu appartenait au monde du sommeil, mais maintenant nous savons que c'est bien réel, que l'armée nous a retrouvés, que de toute façon nous ne pourrons plus nous échapper. Nous venons de réaliser cela en quelques secondes, que notre aventure parvient à son terme, que tous nos espoirs s'effondrent, tel un donjon de sable vaincu par la marée montante, trop forte pour lui.

Wilhelm se dit qu'après tout il sera tué par l'ennemi.

– Ils inscriront « tué au combat » au-dessus de nos tombes, ou peut-être « mort pour la France », s'exclame Philippe en regardant les ombres évoluer sur le champ de neige.

– Sortez de là ! Un peu de courage, messieurs ! vocifère à nouveau la voix lointaine. Ne nous obligez pas à venir vous chercher par la force !

J'ai ouvert la porte encore une fois. Je suis sorti pour marcher dans la neige en direction des hommes, mais suis resté immobile sur le seuil, totalement figé par la scène que je contemple.

Devant moi, il y a l'armée, la guerre, les fusils, les képis décorés d'étoiles et les pelotons d'exécution ; derrière, il y a cinq hommes qui en ont marre de tout cela, qui ont brusquement décidé de faire la grève de l'horreur. Il y a les caresses de ma mère, la soupe brûlante du soir, les lèvres de Madeleine au goût d'anis et son corps vanillé, le rire de Jean.

Je reste là, au milieu de cette plaine, entre la mort propre, les yeux bandés, attaché à un poteau de bois, écoutant les réconfortantes paroles du Seigneur, et la mort répugnante, improvisée et insoumise.

Je reste là et ne fais rien.

C'est donc maintenant qu'il nous faut prendre une décision. L'heure est arrivée. Nous ne pouvons plus reculer.

Je rentre dans la maison. Nous nous regardons tous sans bouger. Nul mouvement ne bouscule notre immobilisme.

Étrangement, nous semblons tétanisés par quelque chose que nous redoutons depuis le début de notre aventure, mais à laquelle nous nous attendions.

– Alors, qu'est-ce qu'on fait ? crie Adrien, pris de panique.

Que puis-je lui répondre ? Chacun sait parfaitement que nous sommes condamnés.

Brusquement, Philippe empoigne son Lebel et nous foudroie du regard.

– Pour moi, il n'y aura pas de peloton d'exécution !

Je tente de le retenir en lui agrippant le bras :

– Attends, Philippe, qu'est-ce que tu fais ? Ils vont t'abattre dès que tu auras franchi le seuil de cette porte !

– Comme nous tous ! me rétorque-t-il. Nous savions depuis le début que ça se terminerait comme ça !

– Pas si tu te rends ! lui lance Adrien.

– Face à des fusils pointés sur lui, un anarchiste ne marche pas en levant les bras !

Puis, il nous dévisage :

– Au revoir, les amis, j'ai été très heureux de partager ces derniers jours en votre compagnie.

Une envie irrésistible de lui témoigner mon amitié m'étreint. Désormais, pour nous tous, le sursis sera de courte durée.

Je m'approche de lui et le serre fort dans mes bras. Je sens sa chaleur, qui bientôt ne sera plus que froidure.

J'enlace cet homme de toutes mes forces.

– Adieu, me murmure-t-il.

Puis, il sort, referme la porte derrière lui, et commence à marcher vers le groupe de soldats, le fusil à la main.

Des cris s'élèvent, amplifiés par la résonance de la neige. On le somme de s'arrêter, mais il continue à marcher droit devant.

Trois coups de feu retentissent, trois coups secs dans le froid, et par l'unique fenêtre de la maison nous voyons Philippe s'écrouler dans la neige.

– Il a eu la fin qu'il souhaitait, murmure Raoul.

– Oui, il doit être heureux maintenant, ajoute Adrien.

Alors que nous venons à peine de réaliser ce qui vient de se passer, Wilhelm s'est emparé de son Mauser et sort en trombe de notre retraite.

Il s'est mis à courir en pointant le canon sur les soldats. Lui aussi est abattu immédiatement. Il tombe à quelques mètres seulement du corps de Philippe.

– Il n'a pas voulu mourir en prisonnier, marmonne Goundo.

Nous ne sommes plus que quatre, et nous savons parfaitement quel sera notre sort.

Je ne veux pas mourir abattu comme un chien, tels Philippe et Wilhelm. J'ai besoin d'un peu de temps, même quelques heures, pour écrire mes derniers mots à celle que j'aime.

Je regarde les autres et soupire.

Au loin, derrière la vitre, les soldats attendent.

– C'est là que notre voyage se termine. Je vais me rendre. Si vous le souhaitez, nous pouvons sortir ensemble de cette maison.

J'avance sur le pas de la porte, les bras le long du corps, et fais quelques pas dans la neige, face aux canons.

Puis, je mets mes mains sur la tête et commence à marcher, suivi par mes trois compagnons.

Les nuages se dissipent. Le ciel s'éclaircit.

Une nouvelle journée commence, un jour de plus dans cette guerre qui n'en finit pas.

Épilogue

JUSTE APRÈS NOTRE ARRESTATION, on nous a emmenés à Douaumont, au fort le plus proche. Peut-être ont-ils eu peur d'une évasion, car on nous a placés chacun dans une cellule différente. De toute façon, celles-ci sont tellement bien gardées qu'il n'est pas possible de s'évader. Et puis, s'évader pour aller où ?

Un officier m'a appris que nous serions fusillés demain matin, tous les quatre ensemble. Il a ajouté que le régiment entier serait rassemblé pour assister à notre exécution, qu'elle servirait d'exemple.

L'aumônier s'est présenté afin de recueillir ma confession et de m'aider à supporter les dernières heures. J'ai décliné poliment sa visite, lui expliquant que je n'étais pas croyant. J'ai ajouté que si Dieu existait, alors je pensais qu'il nous avait abandonnés depuis longtemps, et que je préférais passer les dernières heures en tête à tête avec moi-même.

J'ai passé une partie de la soirée debout dans ma cellule, la tête tournée vers la fenêtre garnie de barreaux.

Dehors, il fait nuit et il pleut.

C'est la dernière fois que je vois la pluie, et la nuit aussi.

Madeleine me manque, son corps, son parfum, son sourire. J'aimerais tellement la serrer dans mes bras une dernière fois.

Je ferme les yeux et je pense très fort. J'ai l'impression que je peux la serrer contre moi.

Et puis, je vois Jean, j'entends son rire, je sens sa douce chaleur lorsqu'il se blottit contre mon corps. Lui aussi je le serre très fort contre moi.

Une sentinelle va m'apporter du papier, une plume et de l'encre.

Plus tard dans la nuit, j'écrirai une dernière lettre à Madeleine.

Je n'ai pas sommeil.

Je veux profiter des dernières heures.

Demain à l'aube, j'aurai l'éternité pour dormir.

FIN

Du même auteur

Brian De Palma, le rebelle manipulateur,
essai, « Septième Art », Éditions du Cerf, 1995.

Décorum, Journal d'Alexandre Davos, assassin,
roman, Atout Éditions, 1998 ; Babel Noir, 2001.

Rouge New York,
roman, Atout Éditions, 1999.

Le Point de Connexion,
roman, Éditions Anne Carrière, 2003.

David Fincher, explorateur de nos angoisses,
essai, « Septième Art », Éditions du Cerf, 2009.

Un amour sous la Terreur,
roman, Oskar Éditions, 2010